CB068466

Fabricador
de instrumentos de trabalho,
de habitações,
de culturas e sociedades,
o homem é também
agente transformador
da história.
Mas qual será o lugar
do homem na história
e o da história na vida
do homem ?

LUGAR DA HISTÓRIA

1. A NOVA HISTÓRIA, Jacques Le Golf, Le Roy Ladurie, Georges Duby e outros
2. PARA UMA HISTÓRIA ANTROPOLÓGICA, W. G. I., Randles, Nathan Wachtel e outros
3. A CONCEPÇÃO MARXISTA DA HISTÓRIA, Helmut Fleischer
4. SENHORIO E FEUDALIDADE NA IDADE MÉDIA, Guy Fourquin
5. EXPLICAR O FASCISMO, Renzo de Felice
6. A SOCIEDADE FEUDAL, Marc Bloch
7. O FIM DO MUNDO ANTIGO E O PRINCÍPIO DA IDADE MÉDIA, Ferdinand Lot
8. O ANO MIL, Georges Duby
9. ZAPATA E A REVOLUÇÃO MEXICANA, John Womarck Jr.
10. HISTÓRIA DO CRISTIANISMO, Ambrogio Donini
11. A IGREJA E A EXPANSÃO IBÉRICA, C. R. Boxer
12. HISTÓRIA ECONÓMICA DO OCIDENTE MEDIEVAL, Guy Fourquin
13. GUIA DE HISTÓRIA UNIVERSAL, Jacques Herman
15. INTRODUÇÃO À ARQUEOLOGIA, Carl-Axel Moberg
16. A DECADÊNCIA DO IMPÉRIO DA PIMENTA, A. R. Disney
17. O FEUDALISMO, UM HORIZONTE TEÓRICO, Alain Guerreau
18. A ÍNDIA PORTUGUESA EM MEADOS DO SÉC. XVII, C. R. Boxer
19. REFLEXÕES SOBRE A HISTÓRIA, Jacques Le Goff
20. COMO SE ESCREVE A HISTÓRIA, Paul Veyne
21. HISTÓRIA ECONÓMICA DA EUROPA PRÉ-INDUSTRIAL, Carlo Cipolla
22. MONTAILLOU, CÁTAROS E CATÓLICOS NUMA ALDEIA FRANCESA (1294-1324), E. Le Roy Ladurie
23. OS GREGOS ANTIGOS, M. I. Finley
24. O MARAVILHOSO E O QUOTIDIANO NO OCIDENTE MEDIEVAL, Jaques Le Goff
25. INSTITUIÇÕES GREGAS, Claude Mossé
26. A REFORMA NA IDADE MÉDIA, Brenda Bolton
27. ECONOMIA E SOCIEDADE NA GRÉCIA ANTIGA, Michel Austin e Pierre Vidal Naquet
28. O TEATRO ANTIGO, Pierre Grimal
29. A REVOLUÇÃO INDUSTRIAL NA EUROPA DO SÉCULO XIX, Tom Kemp
30. O MUNDO HELENÍSTICO, Pierre Lévêque
31. ACREDITARAM OS GREGOS NOS SEUS MITOS?, Paul Veyne
32. ECONOMIA RURAL E VIDA NO CAMPO NO OCIDENTE MEDIEVAL, (Vol. I), Georges Duby
33. OUTONO DA IDADE MÉDIA, OU PRIMAVERA DOS NOVOS TEMPOS?, Philippe Wolff
34. A CIVILIZAÇÃO ROMANA, Pierre Grimal
35. ECONOMIA RURAL E VIDA NO CAMPO NO OCIDENTE MEDIEVAL (Vol. II), Georges Duby
36. PENSAR A REVOLUÇÃO FRANCESA, François Furet
37. A GRÉCIA ARCAICA DE HOMERO A ÉSQUILO (Séculos VIII-VI a. C.), Claude Mossé
38. ENSAIOS DE EGO-HISTÓRIA, Pierre Nora, Maurice Agulhon, Pierre Chaunu, George Duby, Raoul Girardet, Jacques Le Goff, Michelle Perrot, René Remond
39. ASPECTOS DA ANTIGUIDADE, Moses I. Finley
40. A CRISTANDADE NO OCIDENTE 1400-1700, John Bossy
41. AS PRIMEIRAS CIVILIZAÇÕES – I OS IMPÉRIOS DO BRONZE, Pierre Levêque
42. AS PRIMEIRAS CIVILIZAÇÕES – II A MESOPOTÂMIA / OS HITITAS, Pierre Lévêque
43. AS PRIMEIRAS CIVILIZAÇÕES – III OS INDO-EUROPEUS E OS SEMITAS, Pierre Lévêque
44. O FRUTO PROIBIDO, Marcel Bernos, Charles de la Roncière, Jean Guyon, Philipe Lécrivain
45. AS MÁQUINAS DO TEMPO, Carlo M. Cipolla
46. HISTÓRIA DA PRIMEIRA GUERRA MUNDIAL 1914-1918, Marc Ferro
47. A GRÉCIA ANTIGA, José Ribeiro Ferreira
48. A SOCIEDADE ROMANA, Paul Veyne
49. O TEMPO DAS REFORMAS (1250-1550) – Vol. I, Pierre Chaunu
50. O TEMPO DAS REFORMAS (1250-1550) – Vol. II, Pierre Chaunu
51. INTRODUÇÃO AO ESTUDO DA HISTÓRIA ECONÓMICA, Carlo M. Cipolla
52. POLÍTICA NO MUNDO ANTIGO, M. I. Finley
53. O SÉCULO DE AUGUSTO, Pierre Grimal
54. O CIDADÃO NA GRÉCIA ANTIGA, Claude Mossé
55. O IMPÉRIO ROMANO, Pierre Grimal

O IMPÉRIO ROMANO

Título original:
L'Empire Romain

© Editions de Fallois, 1993

Tradução de Isabel Saint-Aubyn

Capa de Edições 70

Depósito legal n.º 136178/99

ISBN 972 - 44 - 1003 - X

Todos os direitos reservados para a língua portuguesa por
Edições 70 - Lisboa - Portugal

EDIÇÕES 70, LDA.
Rua Luciano Cordeiro, 123 - 2.º Esq.º – 1069-157 LISBOA / Portugal
Telefs: (01) 3158752 - 3158753
Fax: (01) 3158429

Esta obra está protegida pela lei. Não pode ser reproduzida
no todo ou em parte, qualquer que seja o modo utilizado,
incluindo fotocópia e xerocópia, sem prévia autorização do Editor.
Qualquer transgressão à lei dos Direitos do Autor será passível de
procedimento judicial.

PIERRE GRIMAL

O IMPÉRIO ROMANO

edições 70

Os asteriscos * remetem para o
glossário histórico
no final do livro.

INTRODUÇÃO

A entidade política que hoje denominamos Império Romano é o quadro, geográfico e jurídico, no interior do qual se produziu a mais prodigiosa mutação alguma vez vista nas sociedades humanas, e cujas consequências, de toda a ordem, decorridos dois mil anos, ainda não se esgotaram.

Esta designação, Império Romano, traduz, melhor ou pior, a de *imperium romanum,* que, muito antes do que hoje chamamos «Império», e que só começou na segunda metade do século I antes da nossa era, servia para designar não só o espaço no interior do qual Roma exercia o seu poder, como este mesmo poder.

As origens do poder

A palavra *imperium,* devido às numerosas conotações que implica, torna-se difícil de traduzir. Não está, como a nossa palavra «império», indissoluvelmente ligada à ideia de violência e de constrangimento, se bem que esta não esteja ausente, pelo menos na origem, e muito tempo antes de se formar o regime político «imperial», que será preferível designar por principado, pelo menos nos seus primórdios. A noção expressa pela palavra *imperium* está viva na mentalidade romana, tanto quanto podemos remontar no tempo. Designa uma força transcendente, simultaneamente criativa e reguladora, capaz de agir sobre o real, de o submeter a uma vontade. É assim que o proprietário de um terreno, que o desbrava e cultiva para depois colher, ou poda numa vinha os ramos supérfluos, conservando apenas os sarmentos nos quais se formarão os cachos, exerce o seu *imperium*. Havendo constrangimento, este é criativo. Não é o fim em si. O *imperium* nunca é uma tirania gratuita.

A etimologia da palavra é muito clara. Contém a ideia de ordenação, de preparativos feitos tendo em vista um fim, concebido pelo espírito de quem comanda. Ora, existe em Roma, desde o tempo dos reis, um deus que possui este «império» ao mais elevado grau. Prestam-lhe culto sob o nome de Júpiter, ao qual estão indissoluvelmente ligados dois epítetos: os de «Muito Misericordioso» ou «Muito Eficaz» ou «Óptimo» *(Optimus)* e «Muito Grande» ou «o Maior» ou «Máximo» *(Maximus)*. É à sua volta, sob o seu olhar, que se ordena a cidade. Reside no Capitólio, o monte que domina o vale do Fórum. É não só o símbolo visível do Estado Romano como o poder que lhe mantém a unidade e assegura a vitalidade. É o detentor do *imperium*. E este poder, transmite-o ao Rei, que estabelece com ele contactos directos, graças aos presságios que recebe, quando o interroga. Depois, quando o exército da cidade alcança uma vitória, é a ele que esse mesmo rei agradece, na cerimónia do triunfo, vestindo o traje que é próprio do deus.

Quando os reis foram expulsos de Roma, no fim do século VI a. C. (em 509), os magistrados que lhes sucederam conservaram este poder divino, esse *imperium* que estavam autorizados a pedir ao deus, depois de escolhidos pelo povo. O «povo romano» possui a preeminência política absoluta, a *maiestas* – essa *maiestas* que, durante o Império, delegará no príncipe, sem nunca dele abdicar; mas o exercício do poder está ligado ao *imperium*.

Além do *imperium*, existem as leis. São duas fontes de poder, paralelas e complementares. A lei, votada pelo povo, é uma regra aceite de uma vez para sempre. Refere-se a situações determinadas e impõe soluções. O *imperium*, pelo contrário, enfrenta o imprevisto. É vivo, alterável e, se assim se pode dizer, complementar da lei. Mas não deve substituí-la, pois a autoridade desta assenta na *maiestas* do povo.

Esta concepção, que remonta às próprias origens do Estado Romano, ainda estava viva no início do Império. É formulada e afirmada por Tibério, a propósito de um caso observado no oitavo ano do seu reinado (em 22 d. C.): «Os direitos, diz ele (isto é, as regras fixadas pelas leis), reduzem-se sempre que aumenta o poder, e não se deve recorrer ao *imperium* quando é possível decidir segundo as leis» (Tácito, *Anais*, III, 69).

A distinção, muito estrita, e obstinadamente mantida entre o que decorre do *imperium* e o que decorre das leis, era o fundamento da *Libertas**, o estatuto jurídico que distinguia o homem livre do escravo. As palavras de Tibério recordam-no. A «liberdade» dos cidadãos era de certo modo marcada, protegida pelas *iura*, isto é, as diferentes prescrições jurídicas contidas nas leis, como o reconhecimento do direito dos quirites* (os cidadãos de pleno direito) possuírem uma fortuna pessoal (ou patrimonial), de a legarem, de contraírem um casamento «legítimo» –

Introdução

isto é, sujeito a consequências legais —, a certeza, também, de não sofrerem castigos corporais e de não serem enviados para o exílio sem um julgamento da cidade no seu conjunto, feito em boa e devida forma, e proferido em nome do *populus*. Estes privilégios não podiam ser discutidos por nenhum detentor do *imperium*, pelo menos em tempo de paz ou, encontrando-se a cidade em guerra, no interior da Cidade, aquém do *pomerium*, a muralha religiosa, delimitada por marcos, construída em seu redor.

Existia, pois, um *imperium* civil, exercido pelos magistrados «superiores», os cônsules* e os pretores*, e que se traduzia pelos edictos, nos quais anunciavam as regras que aplicariam no exercício do cargo. Este costume será seguido nas províncias* quando um procônsul* ou um proprector* (isto é, um cônsul ou um pretor prorrogado no cargo para esta missão particular) tiver por obrigação assegurar o seu governo.

Na cidade em guerra, o *imperium* pertencia ao magistrado encarregado de comandar o exército, mas não podia ser exercido fora do *pomerium*. O cidadão «mobilizado», o quirite que se tornava *miles*, encontrava-se inteiramente submetido à vontade do chefe. Começava, no início da campanha, por lhe prestar juramento de obediência absoluta, até à morte. A condução de uma campanha militar exige que os soldados se submetam totalmente ao chefe, e este deve ser capaz de inventar, a cada momento, a resposta às situações que se apresentam. A sua liberdade de acção não pode, portanto, ser restringida por prescrições jurídicas *a priori*. Mas, há mais. No decurso de uma guerra «justa» (isto é, declarada segundo os usos, tendo como testemunha Júpiter no Capitólio), o chefe da *legio*, da *leva*, torna-se, como outrora o rei, o vigário ou a encarnação momentânea do deus. Existem limites para a vontade de um deus?

O carácter sagrado do *imperium* jamais desaparecerá. Um costume muito antigo, que permaneceu vivo ao longo dos séculos, estipulava que, uma vez terminado o combate, os soldados vitoriosos aclamassem o chefe conferindo-lhe o título de *imperator*, também usado por Júpiter. O que equivalia a identificar o mortal com o imortal. Este título de *imperator*, assim atribuído pela voz dessa fracção do povo que é a *legio*, tinha de ser sempre confirmado por uma decisão do Senado. Daqui resulta que um magistrado que exercesse um comando militar não era, por esse facto, consagrado *imperator*. Era necessário o carisma que só a vitória confere, carisma proclamado pela voz unânime dos soldados, pela sua vontade comum, na qual se pretendia ver uma inspiração vinda dos deuses, e em primeiro lugar de Júpiter.

Depois da vitória de César em Munda, Espanha, a 17 de Março de 45 a. C., que pôs termo à resistência dos pompeianos, o Senado atribuiu-lhe, entre outras honras, o título de *imperator*, que conservaria de uma vez por todas, como um prenome caracteriza uma pessoa para sempre. O que, acrescenta Díon Cássio, que narra o facto (XLIII, 44), não pôs fim ao costume anterior, uma vez que, a cada vitória alcançada em nome do príncipe, por um dos seus *legati,* lhe era renovada e acrescentada aos seus títulos a mesma denominação – a que chamamos «saudação imperial».

Compreende-se a complexidade das noções expressas pelos termos *imperium* e *imperator,* não só nas aplicações práticas, como também nas associações que com elas se prendem. Em plano de fundo, nunca esquecida, uma *aura* mística, emanada de um deus, e renovada quando o *imperator* o consulta tirando os auspícios. Por vezes, como no dia em que Trajano foi solenemente adoptado por Nerva (28 de Outubro de 97 d. C.), o deus manifesta-se claramente e, de certo modo, investe ele próprio o futuro imperador. Mas, mesmo não se produzindo nenhum milagre, nem assim deixa de se admitir que o príncipe é elevado ao poder por vontade de Júpiter. Esta concepção, que remonta à Roma arcaica e, provavelmente, aos Etruscos, revelou-se particularmente útil quando o *imperium romanum* se estendeu aos países de cultura helénica, onde a monarquia era de regra e onde, desde Homero, a tradição repetia que os reis eram «filhos de Zeus». Ora, Zeus e Júpiter eram considerados idênticos, por toda a gente, e desde tempos imemoriais. Para retóricos, teóricos das instituições políticas, como Élio Aristides ou Díon de Prusa (dito Crisóstomo, Boca de Ouro), contemporâneos de Trajano e de Adriano, a extensão do *imperium,* isto é, do poder emanado de Júpiter Capitolino, aos países gregos, limitava-se a reencontrar uma realidade que contava vários séculos. Assim, nem Díon nem Aristides se esqueciam, nos seus discursos, de concluir pela legitimidade do poder romano.

O imperador-deus

A apropriação quase automática do título de *imperator* pelo príncipe – a principal personagem da cidade, o seu «condutor» e «guia» – a partir de César, e depois de Augusto, conferia-lhe um prestígio muito particular, quando não o de uma divindade, pelo menos o que se pode chamar uma predestinação para se tornar deus, o reconhecimento, nele, de uma natureza já divina, ou sobre-humana, que se afirmava ao longo da vida, se não permitisse que o seu poder degenerasse em tirania, se fizesse reinar a justiça, a ordem e a paz no interior do Império e nas suas fronteiras. Quando morria, um imperador assim era olhado por todos como um deus. Concediam-lhe as honras da apoteose*, que o incluíam no número das divindades reconhecidas pela religião oficial. Recebia, então, um culto, prestado por sacerdotes especiais.

Introdução

O Senado, ao reconhecer a César o título de «vencedor perpétuo», o que significa, na prática, o nome de *imperator*, funda verdadeiramente um regime novo, no qual o sobrinho-neto, Octaviano Augusto, se inspirará depois da sua própria vitória sobre António. Esta fundação fez-se por um processo inverso daquele que, em 509 a. C., instalara a República. As diferentes funções jupiterianas, que haviam sido as dos reis, e depois dos cônsules anuais, viram-se reunidas, de novo, numa única personagem, ao mesmo tempo e perpetuamente chefe de guerra e magistrado civil supremo, detendo, pois, simultaneamente, o *imperium* civil e o *imperium* militar.

A *Libertas,* baseada na distinção entre estes dois poderes, estava, em princípio, salvaguardada. Os dois mundos, o dos quirites e o dos *milites,* não se confundiam. Nem por isso deixavam de estar submetidos, tanto um como outro, a uma única pessoa, de quem dependia que a sua separação fosse, ou não, respeitada na prática. Até Tibério, não houve, de facto, no interior de Roma, nenhum exército colocado sob as ordens directas do príncipe. Mas era uma ameaça que pairava e, depois de Augusto, esta definiu-se, quando foi edificado o campo dos pretorianos, nas proximidades imediatas da Cidade.

As magistraturas civis, por outro lado, subsistiam. O próprio *imperator* assumia o consulado, com um colega, como mandava a regra republicana; por outro lado, contrariando-a, prolongava-o muitas vezes durante vários anos. César, entre outros privilégios, depois da vitória em Espanha, recebera o consulado por dez anos. Também Augusto seria cônsul, sem interrupção, de 31 a 23 a. C. Do Senado, César recebeu a sacrossantidade* dos tribunos da plebe. Aconteceu o mesmo com Augusto. Esta manutenção das magistraturas não dissimula o facto de César, tal como Augusto, decidir, na prática, todos os assuntos, com a ajuda de um grupo de amigos.

César, assim cumulado de honrarias e poder pelo Senado, desejou, sem dúvida, acrescentar-lhes o título de rei. Não revelara um oráculo que só um rei poderia vencer os Partos, contra os quais preparava uma expedição destinada a anexar os seus territórios ao Império? Ele próprio pudera avaliar, no Egipto, a eficácia política de uma monarquia cujas diferentes instituições haviam sido admiradas, ou mesmo imitadas, pelos Romanos. No Egipto, o rei, sucessor dos faraós, era divinizado. César já o era em mais de metade. A tentação era irresistível. O Senado, e mesmo uma grande parte do povo de Roma estavam prestes a dar o seu consentimento. Um grupo de senadores, aristocratas, sensíveis ao que lhes retiraria a presença de um rei à cabeça do Estado, conseguiu abater o «tirano» nos Idos* de Março de 44. Foi necessária uma quinzena de anos para que Augusto pudesse recomeçar a aventura e vencer. O «novo

regime instalou-se»; mas, desta vez, sem que se tratasse de dar ao *imperator* o nome de «rei».
Por que é que Augusto venceu onde César falhara? Talvez se deva à sua habilidade pessoal, que soube graduar as etapas, talvez também à dos seus amigos e conselheiros, Agripa, Mecenas, o primeiro como seu lugar-tenente, o segundo como organizador da propaganda. Mas estas razões não são nada convincentes, sobretudo a segunda. Virgílio cantara César e o futuro Augusto divinizando-os antes de ser possível imaginar o que seria o futuro regime. As *Bucólicas* traziam apenas um sonho de felicidade e paz. Ainda não era a *pax Augusta*. Foi preciso que surgissem circunstâncias favoráveis e, em primeiro lugar, o cansaço provocado pelas intermináveis guerras civis, a impressão de que Roma andava a desperdiçar as suas forças, em vez de prosseguir a sua missão «jupiteriana» – sentimento que Lucano exprimira no início da *Farsália*, durante o reinado de Nero. Por outro lado, a aristocracia romana, o «clube» dos homens que, outrora, partilhavam entre si o poder e os benefícios, os que haviam abatido César, perecera, em parte, nos campos de batalha da guerra civil: em Farsália, primeiramente, depois durante as operações navais contra Sexto Pompeu, por fim no exército de António. E, por outro lado, os sobreviventes haviam perdido a esperança. É verdade que se verificaram, contra Octávio, antes do estabelecimento definitivo do regime, e também depois, tentativas no sentido de derrubar o novo chefe, movimentos esporádicos, não sustentados pela opinião pública. Todas elas falharam. E, tornando-se cada vez mais longínqua a recordação da *libera respublica*, ninguém, sempre que uma mudança de príncipe podia eventualmente tornar possível o retorno às antigas instituições, se empenhou verdadeiramente em as instaurar.

O imperium romanum

A evolução da vida política que, deste modo, se produziu depois da vitória de Augusto não alterou fundamentalmente a concepção do *imperium romanum*. Pelo contrário, salientou as suas implicações profundas, e aí se encontram, porventura, as razões que explicam o sucesso alcançado.

Como dissemos, este *imperium*, este «império», era sentido como uma organização desejada e garantida pelo deus do Capitólio. A este deus supremo estão indissociavelmente ligados os valores morais e, afinal, metafísicos, que condicionam não só os comportamentos pessoais como toda a política da cidade. A ordem desejada pelo deus, imposta pelo seu *imperium*, foi estabelecida de uma vez para sempre. Pretende--se imutável. É, sem dúvida, por esta razão que, junto do templo

Introdução

capitolino, se encontra um santuário dedicado a *Dius Fidius*, o «Júpiter do Juramento», patrono da Boa Fé, da fidelidade à fé jurada. É ele que assegura a duração de um estado do universo fixado de uma vez para sempre. Mas, e trata-se de uma inovação capital e de uma originalidade profunda do espírito romano, este estado do universo não é o resultado da violência que a força dos vencedores prolongaria, nasce da palavra dada, de um compromisso para sempre assumido, tanto pelos próprios cidadãos entre si como pelos povos vizinhos em relação a Roma, pelo qual uns e outros renunciam à violência. Paradoxalmente, o *imperium romanum* exprime uma vontade de paz. De que existe alguma hipocrisia nesta religião do juramento, de que a palavra é dada sob constrangimento, não restam dúvidas; seja como for, o objectivo pretendido por Roma é o estabelecimento de uma ordem idealmente pacífica, não o aniquilamento do vencido, ou a sua espoliação, mas a coexistência com Roma, a sua sobrevivência no quadro das suas próprias leis, desde que estas não sejam incompatíveis com a «paz romana».

Esta vontade, primordial, de criar uma ordem estável manifesta-se também, e ainda, no Capitólio. No próprio templo de Júpiter encontra-se outra divindade, que passa mesmo por ter sido instalada naquele local antes do deus do *imperium*. Esta divindade, concebida como uma força masculina, é o deus Términus*, representado por um marco, um cipo. Assegura um aspecto particular – mas da maior importância para uma sociedade que troca a criação de gado pela cultura dos campos – da estabilidade das coisas, no caso a dos limites estabelecidos entre os domínios pertencentes a determinado grupo de cidadãos, mas também entre as cidades e entre o laico e o sagrado. Términus sacraliza um estado do universo que Júpiter pretende imutável e que o subtrai à arbitrariedade humana.

O imperium e os reis

Deus do céu luminoso, Júpiter, que pousa o olhar sobre a cidade e depois, mais além, sobre todo o universo, é facilmente concebido como estendendo o seu poder e, portanto, a sua acção, sobre tudo o que existe, sem limites. O *imperium romanum* não conhece fronteiras. De progresso em progresso, tende a abarcar o mundo habitado, o que lhe confere a preeminência sobre todos os povos. Augusto, no seu testamento político, ou antes, no balanço da sua acção, as *Res Gestae** (a longa inscrição proveniente de Ancira [Ankara]), recorda repetidamente que «conduziu à frente do seu carro», durante os triunfos, nove reis ou filhos de reis, que por várias vezes deu reis à Arménia, acolheu e reabilitou reis fugitivos, expulsos pelos súbditos, no Oriente, na Bretanha, entre os Germanos, recebeu a visita de príncipes originários dos países mais longínquos que vinham, não só a Roma, mas no decurso das suas viagens às províncias, prestar-lhe homenagem espontaneamente. Assim se forma uma nova concepção, a de um Império que se ergue acima dos reis, os recebe na sua *fides* (o termo é utilizado a este propósito por Augusto) e, por conseguinte, os protege. Suetónio fala de «reis clientes», termo revelador: é, com o Império nascente, a organização tradicional da sociedade romana, com os seus «patrões» e «clientes» que está a conquistar o mundo. Conquista pacífica, que não é o resultado de uma vitória conseguida pelas armas, mas o reconhecimento de um prestígio próprio dos Romanos. É esta, pelo menos, a impressão que pretendem dar a grande mutação que se opera e os historiadores antigos, e o próprio Augusto. É importante, para este e para os «amigos» que o rodeiam, trazer à luz do dia o facto de o *imperium romanum* ser uma coisa muito diferente de um Estado submetido a um rei, que o príncipe, que é o seu «guia» (é este o verdadeiro sentido de *princeps*, o título que Augusto se atribui, por três vezes, nas *Res Gestae),* não é *rex* nem «basileu», que não se assemelha, de modo algum, aos diádocos, sucessores de Alexandre na Macedónia, na Síria e em outros locais, que não é, como eles, o único detentor do poder, mas que este continua a pertencer ao conjunto do *populus romanus,* cuja *maiestas* permanece intacta. Uma vez estabelecida esta distinção, tornava-se evidente, para a opinião pública, que o vencedor de António não sucumbia à maldição plurissecular que, em Roma, atingia a palavra «rei» e cuja transgressão provocara ou permitira o assassinato de César.

A distinção então aceite entre realeza e principado está longe de ser apenas verbal. Não é uma habilidade propagandística imaginada arbitrariamente por um qualquer ambicioso. Responde a uma realidade, enraizada no espírito romano, que ultrapassa em muito o que o oportunismo de um homem pode conceber, mesmo aconselhado por amigos inventivos. Há já muito que um *imperador* romano surgia aos olhos de todos como infinitamente acima dos reis. Já no fim do século III a. C., Cipião Emiliano recusou o título real que os Espanhóis lhe ofereciam, respondendo que um cônsul de Roma não tinha nada em comum com um rei. Decorrido menos de meio século, quando o rei de Cirene, um Ptolomeu, pediu a Cornélia, mãe dos Gracos, que fosse sua mulher, ela recusou com desprezo. Uma matrona romana, uma Cornélia, não se rebaixava a tornar-se rainha.

Esta «superioridade» não advinha do facto de uma Romana pertencer a uma cidade ou um Estado mais poderoso do que o de Cirene. Era de ordem puramente moral. Resultava de que todos os cidadãos romanos, mulheres e filhas eram seres livres, reconhecendo apenas o poder das

Introdução

leis. Também não se encontravam submetidos à vontade de um só homem, antes obedeciam, para além das leis, aos imperativos de Júpiter, sempre em plano de fundo nesta ideologia que, naturalmente, não esquece o seu orgulho. Mas era suficiente para estabelecer, com a maior clareza, e como uma evidência incontestável, que um cidadão romano era «superior» a um rei. Assim, quando os reis, um pouco por toda a parte no mundo, reconheciam o «guia» de Roma como seu *patronus* e, poder-se–ia dizer, não sem algum anacronismo, seu «suserano», tornava-se impensável considerá-lo apenas um entre tantos. A ideia de Império era, doravante, independente de toda a realeza. Constituía uma realidade autónoma, inventada por Roma e destinada a viver a sua própria vida.

Esta concepção, que colocava o imperador acima dos reis, em nome de uma ideologia determinada, destinava-se a atravessar a história. É sabido, por exemplo, que, durante toda a Idade Média, o Império – então Germânico e Santo – pretenderá governar os «reinos». Mais tarde, quando a Revolução Francesa interromper, com a execução de Luís XVI, a continuidade do reino de França, surge a impossibilidade de regressar pura e simplesmente ao passado, ignorando os contributos da ideologia revolucionária e republicana. Era preciso encontrar-lhes um novo suporte político. A ideia de Império forneceu-lhos. Permitiu reunir, como no interior do Império Romano, vários reinos vassalos, reclamando-se dos mesmos princípios. A analogia com Roma impunha-se, tanto mais que o Império Francês conquistara pelas armas o seu lugar na Europa. E, como no mundo romano, o que este Império trazia de novo (pelo menos segundo a doutrina vigente) era a Liberdade, baseada nas leis, elas próprias inspiradas no direito romano.

O principado não pode, pois, ser considerado uma monarquia que não ousava dizer o seu nome. Introduziu uma solução original, aceitável para a quase totalidade dos cidadãos, em todos os problemas suscitados pela extensão desmedida do *imperium romanum,* que se produzira pelo menos há dois séculos. Esta solução foi imaginada de harmonia com a ideologia romana tradicional. Implicada pela própria ideia de *imperium,* o que explica a duração e a solidez deste Império, mesmo se, ao longo dos séculos e de reinado em reinado, o espírito que desde o início o animou sofreu eclipses e acabou por se extinguir.

Capítulo I

O MUNDO ROMANO NO FIM DA REPÚBLICA

A ocupação do mundo

Quando o principado se instala, uma das ambições dos Romanos, nascida cerca de dois séculos antes e obstinadamente afirmada desde então, a extensão do *imperium* ao conjunto das terras habitadas, está em vias de cumprimento. A Sicília fora a primeira província*, criada depois da primeira vitória sobre Cartago, em 241 a. C., e já se adivinhava o que seria o Império. Quase toda a ilha se encontrava directamente submetida ao *imperium* de um pretor* romano, mas o reino de Híeron II, outrora «tirano» de Siracusa e depois rei, por sua própria autoridade, permanecia um território aliado. Roma não podia anexar pura e simplesmente o domínio de um rei que favorecera as suas armas. Esta instalação «subtil» dos Romanos na Sicília ilustra, com mais de dois séculos de antecedência, a célebre fórmula de Virgílio, segundo a qual Roma destruía os «orgulhosos», mas perdoava a quem os submetia. Híeron II fizera mais do que submeter-se, fora um aliado fiel. Nem por isso deixava de ser, de facto, um «rei vassalo».

Os territórios da Itália setentrional, ocupados antes da guerra de Aníbal, e depois perdidos durante os primeiros anos desta, são recuperados logo que se torna possível a instalação de colónias. Estas constituem uma outra forma de anexação. Os colonos, cidadãos romanos, recebem as terras que formam o território da cidade indígena que substitui a fundação romana. É uma imagem de Roma que assim se implanta numa terra até então estrangeira.

O Império Romano

A Grécia e o Oriente

A vitória sobre Aníbal teve por consequência um verdadeiro «protectorado» romano estabelecido nas cidades gregas a leste do Adriático. Este e o Mar Jónico tornaram-se um «lago romano» a partir do momento em que, em 197, o rei Filipe V da Macedónia teve de se vergar perante Roma e ceder-lhe a preeminência que, até então, lhe pertencia nos territórios da Grécia europeia. Menos de trinta anos mais tarde, é o seu próprio reino que cessa de existir, no dia em que Paulo Emílio derrota, em Pidna (22 de Junho de 168 a. C.), o exército de Perseu, filho de Filipe V. Os países que formavam o seu reino ficaram submetidos a diversos regimes. Apenas uma parte foi incluída na província de Acaia, isto é, a Grécia continental. A partir deste momento, esta, com os seus prolongamentos para norte, viu-se, sob uma ou outra forma, incluída no *imperium*.

Mas Roma já fazia sentir o seu poder na Ásia. O reino dos Selêucidas, que se estendia desde a Síria até às margens do Eufrates, debatia-se com graves dificuldades internas, agudizadas pelo Egipto. Humilhada depois da derrota que os Romanos haviam infligido ao rei Antíoco III, em Janeiro de 189, na Magnésia do monte Sípilo, a dinastia de Seleuco, um dos «marechais» de Alexandre, encontrava-se então à mercê de qualquer tentativa que os Romanos pudessem experimentar para a desalojar. Mas a expectativa durou um século.

Na Ásia Menor, o rei de Pérgamo, Átalo III, compreendeu perfeitamente a ameaça que pesava sobre o seu domínio, e também sobre ele. Apoiando-se em antigas lendas segundo as quais os Romanos eram originários da Frígia, criou laços de amizade com eles e, quando morreu, em 133, legou-lhes o seu reino, por sua iniciativa, num testamento em boa e devida forma.

Dos reinos do Império de Alexandre apenas restava, intacto e suficientemente forte para ter esperanças de sobreviver, o dos Lágidas, o Egipto, domínio da dinastia dos Ptolomeus, abrigado por detrás dos seus desertos. Só Octávio o submeteria a Roma, depois da derrota de António, no ano 30 a. C.; mas em condições tais que a sua civilização, várias vezes milenária, e as estruturas administrativas e económicas que lhe eram próprias sobreviveriam ainda por muito tempo e constituíram, no Império, uma espécie de corpo estranho, cujo exemplo não deixou de influenciar, em certos momentos. O reino de Pérgamo fora pura e simplesmente anexado. Tornara-se a «província da Ásia». O Egipto teve um regime diferente. Foi uma «prefeitura», governada em nome do príncipe por um prefeito, um «cavaleiro», e era proibido a qualquer senador penetrar neste país sem uma autorização expressa do príncipe.

O Mundo Romano no Fim da República

Tal era a leveza com que, no decorrer dos tempos, os Romanos haviam construído o seu *imperium,* em função das condições próprias de cada povo que integravam e da sua história, usando de um total pragmatismo e sem nunca se preocuparem em aplicar em todo o lado o mesmo esquema. No termo das operações desenvolvidas no Oriente, e se exceptuarmos a costa que se estende do delta do Nilo às costas da Cirenaica, toda a bacia do Mediterrâneo oriental se tornara um lago romano, ou tornaria, quando Roma decidisse anexar a Síria e o sul da Ásia Menor, com a Cilícia (o que aconteceu pelo ano 100, no que respeita a este país, que então se tornou uma província). A anexação da Síria foi levada a cabo por Pompeu, em 64, uma década antes do fim da República.

O Ocidente

Enquanto assim prosseguia a conquista dos países do Oriente, a progressão de Roma para ocidente também não cessara. Estendia-se até ali o domínio de Cartago, mais uma imensa zona de influência comercial do que poder político estruturado. Os mercadores púnicos estavam em contacto permanente com as populações, consideradas bárbaras, de África e de Espanha. Depois da Segunda Guerra Púnica (219-202 a. C.), os Romanos suplantaram-nos em todas estas regiões. Em África, fizeram-se «protectores» do rei númida Massinissa, o que acabou por gerar um conflito entre este e Cartago, pretexto para que os Romanos empreendessem contra a antiga inimiga uma terceira guerra, esta decisiva, uma vez que terminou, em 149, pela destruição da cidade e pela formação de uma província romana, a futura África proconsular (praticamente a Tunísia actual). Ao mesmo tempo, o reino númida entrava na esfera de influência romana. Massinissa era, oficialmente, «amigo dos Romanos».

Restava a Espanha, onde Cipião, o primeiro Africano, criara uma província, em 206. Em breve se tornou necessário dividi-la em duas, e houve, assim, uma Espanha citerior (no norte da península) e uma Espanha ulterior (que corresponde à Andaluzia). Estas províncias, voltadas para o Mediterrâneo, deixavam de fora o centro e o oeste da península, que permaneceram por muito tempo zonas insubmissas. Mas os países efectivamente ocupados pelos Romanos foram rapidamente romanizados e acolheram numerosos Italianos. Durante os primeiros séculos do principado, as cidades que então foram fundadas tornaram-se e permaneceram centros culturais muito activos, fornecendo, mais tarde, imperadores a Roma.

Prolongamento natural da ocupação e da colonização dos países espanhóis, a «pacificação» dos países bárbaros através dos quais deviam passar as comunicações entre a Itália e a Espanha prosseguiu durante o último terço do século II a. C. Terminou com a construção da *via Domitia*, dos Pirenéus ao Ródano e a fundação da colónia de Narbo Martius (Narbona), em 118 a. C.

A condição das pessoas

Assim, pelo fim deste século, o *imperium* apresenta-se como um sistema, muito pouco coerente mas eficaz, no qual se integram povos muito diferentes uns dos outros, pela sua sociologia, cultura, organização política. Nascerá uma unidade verdadeira do quadro provincial e, em breve, de um «espírito romano», ao qual nem sequer escaparão, a longo prazo, as províncias de cultura grega.

No interior do *imperium*, o estatuto das pessoas e o das cidades variam consideravelmente. No topo da hierarquia, os cidadãos de pleno direito, vivendo em Roma ou nas colónias. Seguem-se os cidadãos de direito latino que possuem apenas alguns dos privilégios dos primeiros. Vêm, por fim, os peregrinos *(peregrini)*, considerados estrangeiros, mas que não são, contudo, «fora-da-lei». Entre as cidades, umas são totalmente romanas, as colónias, e são fundações novas ou refundações. Outras existiam antes da chegada dos conquistadores. São os municípios*. Possuem os seus próprios magistrados, provenientes da tradição nacional; mas, aos poucos, a sua aristocracia confunde-se com a de Roma.

Nas províncias, multiplicam-se as colónias de direito romano, mas também existem muitas cidades ditas «livres». Diz a ficção que Roma as libertou das antigas sujeições impostas, por exemplo, pelos reis. Era o que acontecia, naturalmente, sobretudo no mundo grego. Estas cidades gozavam de uma autonomia teórica, limitada, de facto, pelas contas que tinham de prestar aos representantes do poder romano. E, como é óbvio, pagavam imposto a Roma e a sua política externa era controlada de muito perto.

Quanto aos povos em si, uns são considerados «aliados» de Roma *(socii)*, outros são *foederati*, assim chamados por, na origem, terem concluído um tratado *(foedus)* com os Romanos. Quando um povo era derrotado e se rendia, tornava-se *dediticius* e, em princípio, era súbdito dos Romanos. Mas, progressivamente, esta categoria inferior tornava-se cada vez menos representada, a não ser no Egipto, onde perdurou por mais tempo, devido à situação desta prefeitura, excluída da cidadania romana.

Porquê o Império?

Muitos se têm interrogado sobre os motivos que terão levado os

O Mundo Romano no Fim da República

Romanos a reunir assim, no seu *imperium,* povos tão diferentes, cuja diversidade tornava difíceis de administrar e que não podiam ser incluídos num quadro jurídico único, aplicável a todos. Vários motivos desempenharam, com certeza, um papel, para além do puro e simples instinto de dominação. Em primeiro lugar, aquilo a que podemos chamar um medo obsessivo. O Lácio, cantão de dimensões restritas da Itália central, tinha de garantir a sua segurança frente a populações diversas, vindas dos Apeninos ou da Etrúria. Cabia aos reis, e depois aos cônsules, repelir para tão longe quanto possível estes vizinhos indesejáveis. Quando já não se trata da Itália, mas de um quadro mais vasto, permanece o mesmo sentimento. O que explica, por exemplo, que o Senado, depois da Segunda Guerra Púnica, tenha procurado impedir a formação, já iniciada, de uma aliança entre Cartago e a Macedónia. Mas este desejo de segurança, este receio de cerco, que ainda não desaparecera no tempo de Mitridates (entre 88 e 43 a. C.), como veremos, não explicam tudo. Existia também nos Romanos, orgulhosos das suas primeiras vitórias, um sentimento «imperial», baseado na consciência da sua superioridade moral, à qual atribuem os sucessos obtidos.

Neste aspecto, tal sentimento justificava-se sempre que o inimigo fosse um «bárbaro», afastado, na maneira de viver, dos princípios e dos valores romanos. Um general romano que pusesse termo a práticas como as dos sacrifícios humanos, na Gália ou algures, podia ter legitimamente a convicção de «civilizar» o país em que introduzia a ordem romana. Em Cartago, os Romanos proibiram os sacrifícios de crianças. O *imperium* caminhava no sentido da *humanitas**. Não foi este, decerto, o principal móbil da conquista; mas, em determinado momento, justificá--la-á. Este sentimento surge claramente no início do principado.

Mas só poderia aplicar-se aos povos bárbaros, essencialmente das províncias ocidentais e, no Oriente, a alguns que o helenismo não abrangera. Nos países helenizados, pelo contrário, era Roma que podia fazer figura da bárbara. Este termo é-lhe muitas vezes aplicado depois dos primeiros contactos directos. Pode ver-se em Plauto e refere-se apenas à diferença das línguas. Os Romanos sempre admiraram a civilização grega e inspiraram-se nela, em certos pontos bem precisos: o teatro, a escultura, a arquitectura. Um sentimento muito generalizado levava-os a considerarem-se «parentes» dos Gregos, ao contrário dos Cartagineses, tão estranhos a uns como a outros. Na Sicília, na Itália meridional, na Ilíria, os Romanos apresentaram-se muito cedo como «protectores» dos Gregos, o que constitui, como vimos, um primeiro passo para a integração no *imperium,* a partir do momento em que a protecção se exprime pela conclusão de uma aliança, pela assinatura de um tratado. Roma substituiu os reis, mas não queria que as cidades, entregues a si mesmas, se guerreassem umas às outras, se sujeitassem mutuamente, ao sabor das lutas sociais que as dilaceravam. Um dos valores «jupiterianos» essenciais é o estabelecimento de um Estado de direito e de uma ordem política estável. A intervenção de Roma no Peloponeso, por exemplo, nos assuntos da Liga Acaica*, explica-se pelas perturbações sociais que a dilaceram. Culmina na conquista e na destruição de Corinto, ocorrida em 146, pouco depois da de Cartago.

Vê-se que esta «protecção» de Roma não se processava sem rudeza. Os tesouros artísticos de Corinto foram pilhados, levados para Roma. As cidades gregas não existiam como «Estados de direito», embora conservassem a sua autonomia municipal. Subsistiam, contudo, e escapavam à decadência que as ameaçava. No fim da República, tinham-se tornado centros culturais onde os jovens Romanos iam procurar o conhecimento e a prática da retórica e da filosofia. Uma célebre carta de Cícero ao seu irmão Quinto, chamado a governar a Ásia, resume o sentimento dos Romanos em relação a estes países de muito antiga civilização, berço da *humanitas,* para com os quais os «conquistadores», ou antes os «suseranos», tinham uma imensa dívida de reconhecimento.

O dinheiro

Esta omnipresença de Roma na bacia mediterrânica gerava consequências económicas consideráveis. Roma tornava-se o centro ao qual afluíam as riquezas: metais das minas espanholas, trigo de África, escravos vindos da Gália ou comprados no Oriente bárbaro. Os impostos exigidos às cidades submetidas ao *imperium* eram tão consideráveis que, em 168, depois de Pidna, os cidadãos romanos nunca mais pagaram impostos directos. Mas seria com certeza exagerado pretender que o enriquecimento fosse um dos principais móbiles da conquista. Foi um resultado, não a causa. No tempo de Aníbal, os Romanos não praticam o comércio marítimo. Este está nas mãos, para além dos Cartagineses e dos navegadores gregos, das cidades italianas «aliadas». Foi para proteger os mercadores italianos que os Romanos, vários anos antes do conflito com Cartago, intervieram na Dalmácia, entre 230 e 219. Depois, à medida que se estendia a influência política do *imperium*, a rede comercial tornou-se cada vez mais densa. Os aristocratas romanos desempenham o papel de banqueiros junto das cidades gregas, geralmente muito desprovidas de capitais, muitas vezes, se acreditarmos em Políbio, devido a uma má administração, ou mesmo à corrupção que grassa entre os dirigentes. As taxas de juro são consideráveis, à altura dos riscos corridos.

Paralelamente a esta exploração financeira do Império por particulares, tinham sido criadas, por volta do século II a. C., sociedades por acções, com o fim de assegurar a administração dos rendimentos do Estado, que os magistrados anuais nas províncias (os propretores*), dificilmente poderiam assumir directamente. São as sociedades de publicanos, organizadas de forma metódica, com empregados (em geral libertos, mas também escravos) instalados em Roma e nas cidades de província. Possuem os seus próprios meios de comunicação e permitem, sem dificuldade, transferências bancárias. Estas sociedades encarregam--se da cobrança de impostos, directos e indirectos, pagam ao tesouro público (*aerarium Saturni*) quantias previamente determinadas por contrato e distribuem dividendos pelos accionistas. Este sistema (provavelmente inspirado na administração criada pelos Ptolomeus do Egipto) originava, evidentemente, toda a espécie de abusos, dos quais sofriam as províncias, mas também o Estado romano. Com o estabelecimento do principado, o problema das finanças exigirá novas soluções; mas, no fim da República, o espaço incluído no *imperium romanum* é atravessado por correntes económicas intensas, de que os cidadãos romanos não são os únicos beneficiários. A maior parte dos comerciantes que traficam em Delos (um «porto franco») e ocupam no Mediterrâneo oriental a posição que fora, durante muito tempo, ocupada pelos Ródios, são *Itali,* e não Romanos. Os lucros não são um monopólio dos aristocratas romanos. Os provinciais também recebem a sua parte. Assim, não serão sistematicamente hostis ao poder romano. A prosperidade económica, não sendo um objectivo da conquista, é seguramente uma causa que tende a manter o sistema.

A glória

Importa contar igualmente com a ambição das grandes personagens que detêm as magistraturas e estão ávidas de glória. Cipião, que derrotou Aníbal em Zama (202), tinha, como dissemos, recusado o título de «rei»; mas, aos Espanhóis, que também lho propuseram, respondeu que consentia que o dissessem possuidor de uma «alma real». Os Romanos são, pensam eles, «superiores aos reis». Que dizer, então, daqueles cuja carreira é uma longa vitória? Consagrados *imperatores* pelos seus soldados, atingem um grau de glória que os eleva muito acima dos seus concidadãos. É natural que, geração após geração, personagens vindas das grandes famílias aspirem a imitá-los. Acaba por se formar uma classe de conquistadores, sempre prontos a embarcar em qualquer aventura. O povo resiste, por vezes, mas a vontade imperial acaba por prevalecer. Na extensão do Império, as ambições pessoais tiveram um papel a desempenhar, como mostram as duas últimas grandes conquistas da República: a de Pompeu, no Oriente, e a de César, no Ocidente.

O Império Romano

No Oriente, tudo começara com a rivalidade que opôs o rei do Ponto, Mitridates, ao da Bitínia, Nicomedes, que tentaram ambos ocupar a Capadócia, na ausência de herdeiros naturais. Os Romanos declararam--se contra Mitridates (em 88 a. C.) e foi o início de uma longa sucessão de guerras. Mitridates tomou a ofensiva, massacrou os Romanos e os *Itali* que se encontravam na Ásia e decidiu expulsar todos os Romanos dos países helenizados. Atenas declarou-se do seu lado. O propretor romano, encarregado da guerra, Cornélio Sila, conquistou a cidade, após um longo cerco, em 86, e depois, tendo decidido conquistar o poder em Roma, concluiu com Mitridates uma paz apressada e desembarcou em Itália, onde desencadeou uma guerra civil, apresentando-se como campeão da aristocracia, ameaçada pelos *populares,* herdeiros dos Gracos, em 82. Roma fica desfeita e o seu *imperium* parece prestes a desmoronar-se. Desperta de novo o medo do cerco. Concluem-se acordos com inimigos vindos um pouco de todo o lado: escravos revoltados, colonos das províncias que, em Espanha, se dividem por hostilidade contra a aristocracia e piratas, sobretudo, que interrompem as ligações marítimas, raptam pessoas que escravizam e estabelecem uma espécie de coordenação entre os inimigos de Roma. Contra estes perigos, sempre renascentes, o Senado acaba por consentir, não sem dificuldade, na criação de um comando único, em 67, que foi confiado a Pompeu, antigo lugar-tenente de Sila. Pompeu não se contentou em subjugar os inimigos que ameaçavam o *imperium,* em vencer os piratas e em conduzir Mitridates ao suicídio, alargou o Império, anexou os reinos do Ponto e da Bitínia, que se tornaram uma província, expulsou os Selêucidas do seu reino, do qual fez a província da Síria. Deteve-se na fronteira do Egipto, país há muito amigo de Roma. Mas era grande a tentação. Quatro anos depois de regressar a Roma, em 62, os tumultos e a agitação que obrigaram o rei Ptolomeu Auleto a fugir do país e a refugiar-se em Roma pareceram fornecer um pretexto para uma intervenção romana que, restabelecendo o rei, faria dele um vassalo. Mas, os senadores opuseram--se obstinadamente, alegando motivos religiosos, provavelmente para reduzir os êxitos de Pompeu. O Egipto permaneceu, pois, independente. O que não era contrário aos objectivos da guerra confiada a Pompeu, uma vez que o cerco de Roma estava definitivamente afastado e que o Egipto nunca se contara entre os agressores.

Pompeu sentiu-se profundamente decepcionado. Ter-se-á considerado frustrado de parte da sua glória. Incluíra no *imperium* o conjunto dos países outrora conquistados por Alexandre, com excepção do que se encontrava ocupado pelo reino dos Partos e pelo dos Ptolomeus. Levara as suas expedições de reconhecimento ao Cáucaso, rumo ao Oriente. Roma ficava na rota dos limites mais extremos do mundo, as terras onde, à beira deste disco que é a Terra, a *orbis terrarum,* o Sol, todas as manhãs, lança o seu carro para o céu. Superada a angústia obsessiva, apoderava-se dos espíritos a miragem de um império universal. Esta miragem, influente na religião jupiteriana, parece ter adquirido uma nova actualidade neste Oriente, onde, outrora, dois reinos – sem contar o Império de Alexandre –, o dos Faraós e o dos Persas, haviam afirmado a sua ambição, e o seu direito de se estenderem até aos limites das terras iluminadas pelo Sol. E Roma, não teria vocação para realizar esta ambição?

O Império de César

Apenas três anos depois de Pompeu regressar a Roma, César, cônsul desde 59 e que concluíra com o vencedor do Oriente uma aliança secreta, decidiu submeter ao *imperium* a outra metade do mundo, os territórios que se estendem até às margens do Oceano, onde o Sol desaparece todos os dias para lá do horizonte. Uma grande parte do Senado tentara evitar este empreendimento, e César vira-se obrigado a recorrer directamente à assembleia popular para obter os poderes necessários à sua realização. Muito rapidamente, baseando-se no pretexto de que a migração dos Helvécios, que, da Suíça actual, tentavam alcançar a terra dos Sântones (a actual Saintonge), constituía um perigo para a província romana da Gália Narbonense, César intervém, impede-os de prosseguir caminho, obriga-os a retroceder, antes de se colocar ao serviço de um povo há muito «amigo» dos Romanos, os Eduanos, que também ameaçavam os Germanos do rei Ariovisto, e obtém sobre este uma vitória decisiva. É a segunda vez, depois da descida dos Cimbros e dos Teutões, meio século mais cedo, que os Germanos se defrontam com as legiões* romanas.

Nos anos que se seguiram, César, beneficiando das dissensões que dividiam as cidades gaulesas, estende a autoridade romana até à maior parte destas cidades, desde a Aquitânia até ao Reno. Havia atingido as margens do Oceano e igualado, para oeste, os feitos de Pompeu a oriente. Uma revolta conduzida por Vercingetorix, desejoso de restabelecer, em seu benefício, o antigo reino dos Arvernos, os conquistadores celtas, foi esmagada em duas campanhas. Este fracasso (em Alésia, no ano de 52) pôs fim à independência das cidades gaulesas, assim como às suas disputas.

O *imperium* estende-se doravante do Levante ao Poente, embora com algumas lacunas. Resistem pequenos grupos de insubmissos, por exemplo em Espanha, ao longo do Oceano, e em terras gaulesas, a Bretanha, pois também havia povos que se estendiam para lá do Reno. Na Bretanha e nesta Germânia temível e misteriosa, César efectuou algumas operações de reconhecimento, mas outras mais sérias do que elas não puderam realizar-se. O entusiasmo foi quebrado pela antiga repugnância dos senadores em permitir que um deles se elevasse excessivamente acima dos outros. Os Pais decidiram, em condições pouco conformes à realidade, chamar César, pondo termo à sua missão nas províncias gaulesas. Retomavam contra ele a política, então bem sucedida, contra Pompeu. Mas César não se mostrou tão dócil quanto este e recusou-se a sacrificar a sua *dignitas* à inveja dos seus pares. Recusou-se a obedecer, transpôs o Rubicão, o pequeno rio costeiro que formava, a sul, a fronteira da província (a 11 de Janeiro de 49), e avançou sobre Roma. Eclodiu a guerra civil. Contra César estava o Senado, reclamando-se da legalidade republicana. Mas verificou-se rapidamente que este argumento não atingia a massa dos cidadãos. Em primeiro lugar, na própria Itália, onde as cidades, ao longo do Adriático, abrem, umas após outras, as portas a César e aos seus lugares-tenentes, e depois nas províncias ocidentais, em Espanha, onde Varrão, lugar-tenente de Pompeu, obtém sem dificuldade a sua rendição. César pode entrar em Roma e criar a sua própria legalidade. Daí, irá reconquistar o mundo, e, em primeiro lugar, as regiões do Império em que o prestígio de Pompeu, vencedor do Oriente, lhe permite reunir forças comparáveis àquelas de que ele próprio dispõe. É sabido que o confronto dos dois exércitos tem lugar em Farsália, na Tessália, a 9 de Agosto de 48, que Pompeu se vê obrigado a refugiar-se no Egipto, onde foi assassinado, e que a guerra se prolongou, entre os pompeianos, reunidos, e César, até à vitória definitiva, em Munda, a 17 de Março de 45.

No decurso desta reconquista do mundo por César, ele não poderia deixar de surgir como o *imperator* por excelência. E foi a tentação da realeza que reavivou a hostilidade de que tinha sido alvo depois das primeiras conquistas. O antigo juramento, que remontava a 509 a. C., e bania para sempre os reis da cidade romana, constituiu um excelente pretexto para os sobreviventes de Farsália, alguns deles poupados pela clemência de César, que assassinaram o «tirano».

Governar o mundo

Este assassinato interrompeu a obra projectada por César, que começara, desde o ano anterior, a reunir meios para uma grande expedição contra os Partos. Esta região do Império era muito vulnerável. Era-o a norte, onde a Arménia podia servir de base de partida contra os reinos costeiros do Ponto Euxino (o Mar Negro), e mais ainda na Síria, como mostrara, poucos anos antes, o desaire de Carras, que pusera termo à tentativa de Crasso, que pretendia incluir a Mesopotâmia no *imperium*.

O Mundo Romano no Fim da República

Era a parte que os outros dois triúnviros, César e Pompeu, haviam consentido ao seu associado na conquista do mundo. Mas o exército fora aniquilado, espoliado das suas bandeiras, e uma parte dos soldados, prisioneiros, eram escravos dos Partos. Tratava-se agora mais de vingança do que de conquista, para apagar a humilhação da derrota. Esta hipoteca pesará por muito tempo na política de Augusto. Atacando os Partos, tal como previra, César, ao aniquilar o seu império, evitara qualquer ameaça contra a fronteira oriental do Império e, ao mesmo tempo, abrira mais amplamente caminho aos países do Levante. Dois dos objectivos da conquista romana haviam sido simultaneamente atingidos. Serão retomados de seguida, e o problema assim suscitado dominará, durante séculos, o destino do Império.

César, que, no Reno, reconhecera os limites setentrionais do domínio romano, terá olhado, em determinado momento, para os desertos do Sul? Apenas sabemos que, durante a sua estada no Egipto, depois de Farsália, subiu o Nilo com Cleópatra, no navio real. Terá sido unicamente uma viagem de lazer? Alguns anos mais tarde, Augusto ordenará a exploração do Sul do Egipto e dos países para além dos quais, como se julgava, a vida humana não era possível. Mas ainda não está efectuada a junção entre o Sudão e as regiões situadas a sul da província romana de África.

Prosseguindo para oeste o alargamento do Império, César beneficiou da capitulação do rei númida Juba I, fiel ao partido pompeiano, e criou, no seu reino, uma segunda província africana, chamada *Africa Nova,* que se estendia para o leste argelino. Assim, era mais uma porção da costa mediterrânica que se encontrava incluída no *imperium.* Ficava de fora todo o território que, da região de Orão até Marrocos, pertencia ao reino da Mauritânia.

Estes territórios, porém, de estatutos diversos, anexados ou reconquistados por César, não formavam, tal como no passado, um conjunto coerente, e era muito difícil administrá-los utilizando os quadros tradicionais da cidade. Um governador, antigo magistrado, permanecia apenas por um ano, em princípio, na sua província, o que era muito pouco para lhe permitir exercer uma acção efectiva. Muitas vezes, este lapso de tempo mal lhe bastava para beneficiar das vantagens materiais, ou mesmo para enriquecer, graças à cumplicidade dos notáveis da província, que assim obtinham a impunidade pelas suas próprias prevaricações. Mas, por outro lado, não deixava de ser perigoso manter os governadores no seu cargo por muito tempo. Já se vira, no tempo de Sila, com a secessão de Sertório em Espanha, que alguns deles podiam sucumbir à tentação de atribuir um domínio pessoal.

Instruído, por experiência própria, quanto ao poder do Senado na vida do Império, e quanto aos inconvenientes daí decorrentes, a impossibilidade de travar uma política coerente, César tomou medidas destinadas a enfraquecer a assembleia dos Pais. O que lhe foi tanto mais fácil quanto muitos deles, que se lhe tinham oposto e seguido Pompeu, morreram durante a guerra civil. Os sobreviventes faziam figura de vencidos. Mostraram-se dóceis e César não teve dificuldade em criar um novo Senado, muito diferente do precedente, incluindo homens que não pertenciam à antiga aristocracia. Assim, assistiu-se à entrada na cúria* de filhos de libertos ou de oficiais de legião*, mas também de provinciais, vindos das colónias ou dos municípios*. Vieram da Gália Narbonense, de Espanha. O tecido imperial torna-se mais lasso, e também mais permeável, à medida que o antigo monopólio nas mãos das antigas famílias do Lácio começa a ser partilhado pelos recém-chegados.

Um dos primeiros gestos de César, quando entrou em Itália, tinha sido a concessão de total direito de cidadania aos habitantes instalados entre os Alpes e o curso do Pó (a «Transpadana»), que não o tinham recebido depois da guerra social, cerca de quarenta anos antes, ao contrário dos outros *Itali*. Ao mesmo tempo, estende o estatuto de direito latino à Gália Narbonense. O que equivale a reconhecer, juridicamente, a existência de um conjunto cultural romano, núcleo do que será, ao longo de séculos, a romanidade. A *lex Julia municipalis,* cuja votação ordenou, uniformizou a estrutura das cidades de direito romano ou latino, as colónias e os municípios, estabelecendo por toda a parte magistrados análogos aos cônsules* e aos pretores* de Roma, os duúnviros «para falar de direito», assistidos por um conselho de decuriões, verdadeiro Senado local. César substitui o caos herdado dos tempos anteriores à conquista por uma ordem racional.

Esta vontade de racionalização explica ainda uma medida que exercia, indirectamente, uma acção sobre a vida política, a reforma do calendário. Este era estabelecido em função dos meses lunares, o que originava numerosos desfasamentos em relação aos ciclos do Sol, e tornava necessário acrescentar, a intervalos mais ou menos regulares, dias, ou mesmo meses «intercalares», operações que permitiam prolongar ou encurtar a duração das magistraturas, consoante se pretendesse favorecer ou desfavorecer este ou aquele. Com o calendário juliano, não havia lugar para arbitrariedades.

Mas embora afirmasse, por meio de medidas pontuais, a sua vontade de organizar a administração do Estado, de lhe conferir quadros racionais, César absteve-se de remodelar tudo e conservou, no conjunto, instituições tradicionais. A hierarquia das magistraturas permanece imutável, o *cursus honorum** continua a processar-se da questura para o consulado, como no passado, mas aumenta o número de postos oferecidos aos candidatos. Passou a haver dezasseis pretores e quarenta questores, menos por

O Mundo Romano no Fim da República

necessidade da Cidade do que do Império, a fim de preparar os quadros necessários ao governo das províncias. Já nos últimos anos da República, muitos antigos cônsules ou antigos pretores recusavam-se a abandonar Roma para irem, durante alguns meses, resolver os assuntos de uma província distante. Foi preciso criar uma lei que os obrigasse. E foi assim que Cícero, contrariado, foi encarregado da província da Cilícia. De então em diante, os governadores potenciais tornaram-se suficientemente numerosos para enfrentar as necessidades. Mas parecia difícil criar todos os anos mais de dois consulados. César recorreu a um método já existente e que consistia em reduzir o período de cada consulado, em o limitar a alguns meses e em designar, para terminar o ano, cônsules sufetes. Era o que acontecia quando morria um cônsul em exercício. Passou a haver, todos os anos, dois cônsules «comuns» (que davam o nome ao ano) e vários outros, que tinham direito ao título de «consulares» e podiam ser nomeados procônsules*.

Esta medida tinha outra vantagem; alargava, no Senado, o grupo dos antigos cônsules, que gozava de uma autoridade particular, «diluía- -o» e evitava, por conseguinte, que uma camarilha de grandes personagens pudesse formar, no seio da assembleia, uma oposição eficaz. Além disso, permitia que César conciliasse partidários e recompensasse os amigos. E tudo isto tanto mais facilmente quanto se outorgara o direito de «recomendar» aos eleitores metade dos candidatos, o que, bem entendido, determinava o resultado.

César tinha uma doutrina política? No início da carreira, aliara o seu destino ao dos *populares,* hostis a Sila e à preeminência da aristocracia tradicional, pela qual lutara. Mais tarde, retomou, pelo menos em parte, o programa dos Gracos, ordenou a votação, durante o seu consulado, de uma lei agrária destinada a dar terras aos colonos romanos que se instalassem no domínio público, esforçou-se por retirar a um grupo restrito de oligarcas o conhecimento dos negócios públicos e, para tal, mandou publicar as actas das sessões do Senado. Recomendou medidas contra a concussão, a fim de impedir ou reduzir os excessos dos governadores das províncias. Esta política, iniciada antes da conquista das Gálias, prosseguiu depois da sua vitória. De facto, nesse momento, funda várias colónias, em Espanha Hispalis (perto da actual Sevilha), na Narbonense Arles, aumenta a população das cidades já existentes, instalando os seus veteranos, funda Bizerte (Hippo Diarrhytus) e Nabeul, na costa da *Africa Vetus,* contribui para revitalizar Cartago, bem como Corinto, cria Sinope e Heracleia do Ponto, no Ponto Euxino, etc. O que tem por efeito difundir a «romanidade», pelo menos dos países do Ocidente, e diminuir, assim, o número de cidadãos desprovidos de recursos que afluíam à Cidade.

É provável que César experimentasse alguma inquietação quanto à segurança da Cidade, uma vez que a plebe irresponsável, aumentando todos os anos, oferecia tropas facilmente mobilizáveis aos demagogos desejosos de provocar perturbações. Ele próprio não desdenhara utilizá-las, quando P. Clódio, alguns anos antes, lhe permitira, graças a elas, dominar pela violência toda a vida pública. Mas Clódio morrera, a relação de forças alterara-se e César já não necessitava de gerir a rua. Assim, limita o direito de associação e suprime os «colégios» nos quais, sob qualquer pretexto, se reuniam os elementos mais perigosos.

Seguramente, todas estas medidas testemunham um programa político, mas que não se encontra ao serviço de uma ideologia. Trata-se de garantir à cidade uma coesão semelhante à que fizera a sua força, de impedir todos os excessos e todos os desvios. Nos Idos* de Março, Roma e todo o Império apresentam o aspecto de um estaleiro em que se trabalha, sob o impulso de César, para assegurar a solidez e a duração do *imperium*.

# Capítulo II

O NASCIMENTO DO IMPÉRIO

A morte de César, a 15 de Março de 44, deixou a sua obra inacabada em todos os domínios, tanto no que toca à reorganização interna, a qual, como ele esperava, deveria transformar a velha cidade republicana no centro de um poder capaz de administrar o mundo, quanto no reforço das fronteiras orientais, cuja condição era o prolongamento da conquista pelo menos até às fronteiras dos países helenizados. Ir-se-ia, então, abandonar tudo, regressar ao sistema antigo, restituir o seu poder ao Senado, governar no dia a dia, consoante esta ou aquele camarilha prevalecesse entre os Pais, e enfrentar de novo todos os perigos já conhecidos há mais de meio século? Aparentemente, os conjurados e os seus amigos, entre os quais Cícero, haviam pensado que bastaria suprimir o «tirano» para que renascesse, por si mesmo, o sistema republicano, capaz, acreditava-se então, de resolver todos os problemas da Cidade e do Império, como se mostrara capaz de fundar e de alargar o *imperium*. É este, pelo menos, o pensamento que parece estar por detrás dos tratados políticos e, mais claramente ainda, dos discursos de Cícero, as *Filípicas,* que serão o seu derradeiro combate, travado um pouco mais de quatro meses depois dos Idos* de Março, e no fim do qual morrerá, a 7 de Dezembro de 43.

As novas forças

Cícero e os «republicanos», de quem é o mestre pensador e o porta--voz no Senado, recusam-se a tomar consciência das novas forças surgidas na cidade muito antes do «reinado» de César e que, precisamente, este procurava controlar. Mais ainda, a morte de César fez emergir outras, até então latentes, mas que não tardariam a transformar todo o jogo político.

A primeira destas forças era a que o exército detinha. César, quando morreu, era o chefe de trinta e nove legiões*, às quais se juntavam numerosos corpos auxiliares, cavaleiros gauleses e germanos, em particular. Todos haviam prestado juramento perante ele. Era o seu *imperator*, e eles eram-lhe totalmente dedicados. Produzira-se já uma situação análoga com Pompeu, em 62, quando, vencedor de Mitridates, desembarcara triunfante em Brindes, e, ainda antes, com Sila. Em ambas as circunstâncias, a República encontrara-se à mercê do exército. É verdade que Pompeu desmobilizara as suas legiões, mas porque fora essa a sua vontade. Sila desencadeara uma guerra civil; César imitara-o e, agora, o seu exército aguardava, preparado para a acção. Qual iria ser a atitude destes homens, habituados à vitória, e que esperavam do chefe uma recompensa pelos seus serviços? Não iriam entregar-se àquele que a prometia?

O deus César

O poder legal pertencia aos cônsules*, dois «cesaristas», que César mandara eleger, António e Dolabella. António era o mais prestigiado. Fora o lugar-tenente e o colaborador mais directo do falecido ditador. Fora seu «mestre de cavalaria» (isto é, seu adjunto) durante os anos da ditadura. A este título, e enquanto César permanecia no Oriente, ocupado em reconquistar as províncias* que haviam tomado o partido de Pompeu, fora seu representante em Itália. Boas razões, poder-se-ia pensar, para que os soldados, depois da morte do seu *imperator*, o reconhecessem como chefe. Mas, e ele, desejava-o? Ou aceitaria regressar à legalidade republicana e, no termo do seu consulado, abandonar o poder? Entretanto, e sem que se descortinassem claramente quais as suas intenções, empenhou-se em fazer sobreviver o espírito de César, e em manter o seu prestígio junto da multidão. A pretexto de *pietas*, ordena a leitura do testamento do falecido, depositado na Casa das Vestais*. Nele figuravam legados importantes, em benefício do povo, como os grandes jardins da margem direita do Tibre, que se tornava um parque público. Depois, nas semanas que se seguiram, António não deixou de se referir aos documentos deixados por César, respeitantes aos grandes negócios do momento, e conseguiu que as decisões ali projectadas tivessem força de lei. De tal modo que César, desaparecido do número dos vivos, continuava a dominar a vida política.

De facto, não existia nada em comum entre o que os homens podiam fazer e o que queria – ou quisera – aquele que, e cada vez mais, surgia como um deus. Se António pretendia tornar-se senhor de Roma, só poderia fazê-lo apresentando-se como «vigário» do novo deus. Tanto

O Nascimento do Império

mais que a divindade de César se impunha com uma força crescente. Quis o acaso (ou a ordem do mundo?) que, quando foram celebrados, no mês de Julho, os Jogos* «da Vitória de César», um cometa atravessasse o céu. Esta aparição não deixou ninguém indiferente. Pensou-se, em geral, que viera anunciar uma mudança violenta na vida da cidade. Desta vez, a maioria concordou em pensar que aquele longo rasto de luz não era senão a alma de César a caminho dos astros, onde fora chamada a viver eternamente uma vida divina. Não era esse o destino prometido aos grandes homens de Estado, à sua alma divina, uma vez terminada a carreira terrestre? Não o afirmara o próprio Cícero, no último livro da sua *De republica,* a propósito de Cipião o Africano? Assim, por uma evidente ironia do destino, o que Cícero concebera como um mito, à maneira de Platão, tornava-se um testemunho de que César beneficiara!

O novo César

A celebração dos Jogos da Vitória fora desejada por uma personagem que acabava de entrar na cena política, o futuro Augusto. Por parte da mãe, Ácia, era sobrinho-neto de César. Completara dezoito anos e não parecia ser particularmente temível. O tio-avô levara-o consigo na expedição a Espanha, no ano anterior, e zelava por que os melhores mestres, retóricos e filósofos, se encarregassem da sua formação intelectual e moral. O pai, C. Octávio, era o último representante de uma família burguesa do Lácio, sem esplendor. Mais tarde, os seus detractores criticaram a modéstia das suas origens. Mas era um dos parentes do sexo masculino mais próximos de César, cuja única filha, Júlia, casada com Pompeu, falecera em 54. A irmã mais velha de César, Júlia, casara duas vezes e tivera um filho de cada casamento; mas, por razões que nos escapam, César preferira chamar o jovem Octávio para junto de si, talvez por causa da sua juventude, que lhe permitia acalentar esperanças mais duradouras.

No início do ano 44, o jovem Octávio é enviado pelo tio a Apolónia, no Epiro, ponto de partida da rota que conduzia aos estreitos, e dali à Ásia. Esperava, obviamente, associá-lo à expedição contra os Partos, como fizera durante a expedição a Espanha. A vanguarda do exército já começara a reunir-se, precisamente na Apolónia. Eis senão quando, depois dos idos de Março, quando António tomou conhecimento do testamento de César, se soube que este, num acto póstumo, adoptava Octávio e lhe legava uma parte considerável dos seus bens. Qual iria ser a atitude do jovem? Retomaria a política do tio-avô, agora seu pai adoptivo?

Alguns amigos daquele que doravante se chamaria C. Júlio César Octaviano aconselharam-no a não o fazer. Que aceitasse a herança material que lhe cabia, mas também o restabelecimento da ordem republicana. De outro modo, querendo reivindicar nem que fosse uma parte dos poderes que haviam sido os do tio-avô e tentar prosseguir a sua obra, debater-se-ia contra obstáculos terríveis. Em primeiro lugar, teria de enfrentar António, que ocupava um lugar cada vez mais poderoso no Estado e, ao mesmo tempo, os «republicanos», os senadores que haviam aplaudido a morte do tirano, cúmplices morais dos «regicidas» e a quem não repugnava ver surgir um outro César. Octávio não deu ouvidos a estes sábios conselhos. Em Abril, chega a Roma e reivindica a sua herança. Em primeiro lugar, a herança material. António, que esperava apropriar-se da fortuna de César, suscita dificuldades e torna-se desde logo evidente que, se Octávio quer a herança, terá de abater António ou, então, aliar-se a ele e servir a sua política. Fosse como fosse, o filho adoptivo de César não podia deixar de se implicar nos ajustes de contas que seriam de esperar.

Octávio começou por se impor como rival de António, que, visivelmente, estava decidido a conservar o poder, e preparado para tal. No final do seu consulado, que terminava em 44, fora encarregado pelo Senado do governo da província da Macedónia. Aí se encontravam as tropas reunidas por César para a guerra do Oriente, assim como as forças próprias desta província. António começou por chamar este exército a Itália. Corria o mês de Junho, um pouco mais de dois meses depois do regresso de Octávio a Roma. Tomadas estas precauções, exigiu a troca da província da Macedónia contra a da Itália Cisalpina, que caíra nas mãos de um dos conjurados de Março, Décimo Bruto. Obteve-a por meio de uma lei (e não de um senátus-consulto*), como outrora acontecera com César, quando anexara, por decisão popular, a Gália Transalpina às províncias que o Senado lhe atribuíra. As suas intenções eram óbvias: senhor da Cisalpina (como o fora César ao regressar das Gálias), ameaçava a Itália inteira e podia relançar a guerra contra o Senado. Décimo Bruto, perfeitamente consciente da ameaça, recusou a troca e colocou a sua província em estado de defesa. Estoirou a guerra entre António e ele.

Nesse momento, António surgia como um rebelde, mesmo tendo sido a troca das províncias autorizada por uma lei. Não tinha o direito de conduzir uma guerra contra um governador regularmente designado. Mas, por sua vontade, a violência prevalecia sobre a legalidade.

Perante esta situação, Octávio decidiu dotar-se de meios de intervenção. A nenhum título o podia fazer. Era um simples particular *(privatus)*, mas era filho do «deus» César, o que lhe granjeava a simpatia dos seus antigos soldados, os veteranos estabelecidos em Itália depois de cumprido o serviço activo. Tratava-se de uma considerável força

O Nascimento do Império

potencial. Octávio decidiu recorrer a esta força e, no fim do Verão, sem nenhum mandato oficial, servindo-se dos seus próprios recursos, formou um exército, composto por voluntários, felizes por voltarem a pegar em armas sob os auspícios de um «César». Mais tarde, nas *Res Gestae**, Augusto recordará este episódio, no início do seu relato, dizendo: «Aos dezanove anos de idade, reuni um exército, por minha livre iniciativa e à minha custa e, graças a ele, restituí a liberdade ao Estado pondo fim à dominação de uma facção que o sufocava.» Situação revolucionária que os eufemismos das *Res Gestae* não conseguem dissimular. Não foi com certeza para restituir a liberdade a Roma que Octávio reuniu este exército irregular, mas, o que é muito diferente, para intimidar António ou, pelo menos, para o levar a reflectir e obrigar a respeitar os termos do testamento de César.

O Senado, ao qual cabia a legalidade, encontrava-se dividido. António dispunha dos seus partidários entre os membros que deviam a sua elevação a César. E também de inimigos, entre os quais Cícero, o mais temível devido à eloquência e ao prestígio. Quando se tornou evidente que António se preparava para restabelecer o regime implantado por César, Cícero decidiu combatê-lo, obrigando os Pais a abandonar a sua indecisão. A 2 de Setembro de 44, proferiu a primeira *Filípica,* longa invectiva contra António, que compara a Catilina e aos piores inimigos da República. Não podia tê-lo feito enquanto António deteve a supremacia militar. Mas a luta tornava-se possível a partir do momento em que o exército de Octávio se lhe opusesse. Assim, era necessário atrair Octávio à aliança do Senado. Foi o cálculo que Cícero fez, declarando-se abertamente ao seu lado, e garantindo que todas as esperanças da República assentavam naquela «criança».

Os historiadores modernos são unânimes em acusar Cícero de ingenuidade. Infalíveis nas suas predições, sabem que o jovem campeão do Senado vai, em breve, voltar-se contra os seus protectores. Na realidade, a situação era bastante complexa e não existiam muitas soluções possíveis, nem militares, nem sequer ideológicas. Na Gália Cisalpina, António prossegue as operações contra Décimo Bruto, que acaba por sitiar em Módena, no mês de Dezembro. O Senado, porém, hesita em o declarar inimigo público e prosseguem as negociações entre os Pais e o cônsul rebelde, que exige que lhe seja atribuído o governo da Cisalpina, por cinco anos, com um exército de seis legiões. Aceitar equivalia a colocar o Estado à mercê de António. A aventura cesarista recomeçaria, sem dúvida. O único recurso residia no exército de Octávio. Cícero obteve, no início de Janeiro de 43, uma vez terminado o consulado de António e quando a guerra que travava em Módena se apresentava de uma legalidade muito duvidosa, que se pedisse a Octávio o auxílio do seu exército. Um senátus-consulto, publicado a 1 de Janeiro, decidiu que «César, pontífice, se tornaria senador e receberia o *imperium* propretoriano, e o cargo de antigo cônsul». O que o habilitava a travar uma guerra contra António, ou qualquer outro designado pelos senadores. Os dois cônsules de 43, A. Hirtius e C. Pansa, estavam, por outro lado, encarregados de abrir as hostilidades e de libertar Módena. A batalha travou-se, diante da cidade, a 21 de Abril. António, derrotado, teve de fugir. Assumiu a direcção da Gália Narbonense, governada por um «cesarista» confirmado, M. Aemilius Lepidus (Lépido), cônsul juntamente com César três anos atrás. Lépido recebeu-o, declarou-se solidário com ele e entregou-lhe o seu exército. Iria eclodir de novo uma nova guerra civil?

A guerra inevitável

De facto, o principal vencedor, depois da «guerra de Módena», é Octávio, que se encontra numa posição de árbitro. Os dois exércitos consulares, o de Hirtius e o de Pansa, juntam-se ao seu. Octávio surge como o único capaz de combater António, que o Senado acaba por colocar fora-da-lei... Perfeitamente consciente da sua força, entrega-se a uma chantagem junto dos Pais. Exige o consulado, em substituição de um dos cônsules mortos em Módena. Cícero aceita candidatar-se ao outro cargo. Octávio e ele completar-se-ão, o primeiro reduzirá a dissidência armada, o segundo restabelecerá o funcionamento normal das instituições, e um sistema «republicano» ou próximo do que existia antes da guerra civil será então implantado, uma vez reencontrada a paz.

Na ideia de Cícero, o que assim triunfava era o princípio fundamental da República, precisamente aquele pelo qual combatera, a subordinação «das armas à toga», a preeminência do *imperium* civil sobre o *imperium* militar. Apoiando Octávio, Cícero estava em condições de alcançar três objectivos, dos quais nenhum era a restauração pura e simples da ordem antiga, mesmo mantendo o enquadramento da vida cívica. Eliminará António e, com ele, as formas menos admissíveis do cesarismo, os seus aspectos mais próximos da monarquia, os mais afastados da ética romana tradicional – e, nas *Filípicas,* Cícero salienta abundantemente os escândalos causados pelo legado de César, o fausto e a vulgaridade dos seus prazeres.

Em segundo lugar, esperava, graças à sua autoridade moral, decorrente da política realizada no passado e da idade (tinha sessenta e três anos, Octávio dezanove), ser, para este, um conselheiro respeitado e escutado. Via esboçar-se, assim, a realização de um dos seus sonhos, que acariciara durante muito tempo, em particular quando propusera a

O Nascimento do Império

Pompeu que se lhe associasse, em 62, ou antes, que associassem as suas duas glórias, a do conquistador e a do vencedor de Catilina. Evocara, então, a amizade de Cipião Emiliano e de Lélio. O que conhecera o «século de ouro» da República seria impossível na cidade renovada que vislumbrava?

Uma terceira consideração poderia entrar em linha de conta. Cícero estava perfeitamente consciente do prestígio atribuído ao nome de César. Este prestígio, inseparável da natureza divina que lhe fora reconhecida, não podia deixar de beneficiar igualmente o filho adoptivo. E, se este filho se aliava ao partido do Senado, tornava-se evidente que a cidade reencontrara a sua unidade.

A viragem

Era esta a combinação proposta a Cícero por Octávio (e pelos seus conselheiros), que, nesta hipótese, renunciava a vingar o pai e a punir os assassinos que, por seu lado, se instalam solidamente. Bruto ocupa a província da Macedónia, evacuada por António, e Cássio disputa a Síria a Dolabella, cujo governo obteve terminado o consulado. Por fim, os senadores decidiram confiar a Sexto Pompeu (o filho mais novo do grande Pompeu) o comando de todas as forças navais. Tudo se passa como se os senadores tivessem decidido tomar definitivamente o partido dos regicidas e afastar Octávio, uma vez expulso António de Itália. Tudo isto se torna evidente quando Octávio, no mês de Julho de 43, reclama o consulado e o Senado lho recusa. O filho e herdeiro de César rejeitado por insignificância, Cícero desacreditado por aqueles que tentara salvar. Então, de acordo com o cenário doravante habitual das guerras civis, Octávio, à frente do seu exército, avança sobre Roma e é facilmente eleito cônsul pelos comícios, tendo por colega Q. Pédio, filho da sua tia Júlia. Alterara-se a relação de forças. Declarando-se contra o Senado, Octávio, por este simples facto, aliara-se a António que, ele próprio, negociava não só com Lépido, mas com outros dois governadores de província, Munácio Planco, fundador de Lião, que detinha a Gália Transalpina (a que César conquistara), e Asínio Polião, encarregado da Bética (a metade sul da Espanha). Quando Octávio obtém o consulado, nas circunstâncias que descrevemos, Lépido, Planco, Polião aliaram-se abertamente a António. Doravante, o mundo romano encontrava-se dividido em duas partes: a Ocidente, os homens que se reclamavam de César, a Oriente, os que o haviam abatido. De novo, os jogos políticos em que os senadores se comprazia teriam por efeito tornar inevitável um conflito armado entre as duas metades do Império.

O Império Romano

O triunvirato

Nesta perspectiva, António e os aliados, que se haviam reunido em Bolonha, no mês de Outubro, concordaram na criação de uma nova estrutura política, que substituiria provisoriamente as instituições tradicionais, cuja falência era evidente. No fim do mês seguinte, ocuparam Roma e fizeram votar uma lei, a *lex Titia,* que nomeava António, Octávio e Lépido, por cinco anos, «triúnviros de poder constituinte», o que os tornava senhores absolutos do Estado, com todas as prerrogativas do *imperium* militar. Retomando a política de Sila, e para acabar com todos os opositores, em particular os que haviam tentado eliminar Octávio, mandaram afixar listas de proscritos. Quem se encontrasse na lista devia considerar-se imediatamente fora-da-lei, os seus bens seriam confiscados, e o próprio ficaria à mercê de quem o quisesse matar. Assim, tornava-se possível reconstituir, mais tarde, um Senado dócil, animado do espírito cesariano. A tradição republicana não seria perturbada, apenas inflectida para se adaptar a um sistema, que ainda não se vislumbrava claramente, mas no qual aquilo a que chamamos «poder executivo» seria reforçado, à custa do Senado.

As proscrições realizaram-se no mês de Novembro e Dezembro de 43. Cícero foi morto a 7 de Dezembro, em Gaeta, para onde se retirara depois do fracasso da sua última tentativa para subtrair o Estado à tirania de António. Octávio bem tentara poupá-lo; mas António não podia perdoar as *Filípicas,* assim como não o podia Fúlvia, sua mulher depois de ter sido casada com P. Clódio, também ele inimigo mortal do orador. Cícero fora «ingénuo» ao apoiar Octávio? Nada nos garante que não tenha avaliado o risco que corria. Fora menos traído pelo próprio Octávio do que pelos Pais, cuja obstinação e incompreensão haviam obrigado o filho de César a pedir auxílio a António. O comportamento de Octávio explica-se, em parte, pelas suas próprias ambições, mas também porque, isolado, sem o apoio de Lépido, António e Polião, não poderia ter enfrentado os anticesaristas, que já dominavam o Oriente, nem, por conseguinte, servir Roma.

Os triúnviros retomavam, sem hesitações, a herança política de César. O que consistia, em primeiro lugar, em empreender a vingança. A seguir aos Idos de Março, fora proclamada uma amnistia: os assassinos não teriam de responder pela morte do tirano. Um dos primeiros actos de Octávio, quando assumira o consulado, fora a revogação desta amnistia por uma lei apresentada por Pédio, também ele sobrinho-neto do falecido. Restava deter os culpados para os punir. A fim de manifestar tão claramente quanto possível a legitimidade da sua acção, os triúnviros, no início de 42, dedicaram um templo a César, no local em que fora

O Nascimento do Império

incinerado numa fogueira, e atribuíram-lhe oficialmente o nome de *divus Iulius*, «o deus César». Teria sido ímpio não vingar a sua morte.

O fim da República

Durante o Verão de 42, os dois partidos reúnem as suas forças. O confronto teve lugar em Macedónia, perto de Filipos. Travaram-se duas batalhas sucessivas. A primeira foi ganha por António, sozinho. A segunda, a 23 de Outubro de 42, saldou-se igualmente por uma vitória, na qual Octávio desempenhou um papel mais honroso. Bruto e Cássio morreram ao fim do dia. Havia que reorganizar o *imperium* romano e tudo estava por fazer. As exacções cometidas no Oriente por Bruto e Cássio, as contribuições extraordinárias, muito pesados, que haviam imposto aos provinciais e aos reis aliados semearam por toda a parte o ódio a Roma. No mar, as frotas de Sexto Pompeu ressuscitavam o tempo dos piratas. Mais ainda, Sexto apoderara-se da Sicília e os escravos que trabalhavam nas grandes propriedades da ilha tinham-se aliado a ele. Reavivava-se a recordação das guerras servis, com todas as consequências daí decorrentes. Não só o trigo fornecido, como a lei exigia, pelos proprietários sicilianos corria o risco de se tornar cada vez mais raro, como os comboios vindos do Egipto eram interceptados no mar pelo último dos pompeianos. E, se o povo da Cidade não fosse alimentado, não seria possível evitar o pior.

Já na própria Itália surgiam escaramuças um pouco por toda a parte. Octávio fora encarregado de desmobilizar as legiões* que haviam combatido em Filipos, de procurar terras para os veteranos e de pagar a cada um deles uma quantia em dinheiro, um capital que lhes permitisse estabelecerem-se no seu domínio. Mas havia falta de recursos. Para os obter, Octávio restabeleceu o tributo, quando as terras italianas estavam tradicionalmente isentas. Ao mesmo tempo, procedia a confiscações, um pouco por toda a parte, na Gália Cisalpina, na Emília, na Etrúria, provocando rancores e ódios que em breve degenerariam em guerra aberta.

No Oriente, onde se encontrava António, a situação não era melhor. Era preciso afirmar a autoridade de Roma, comprometida pelas discórdias entre os anticesaristas e os triúnviros. Notícias inquietantes chegavam da fronteira síria, onde o rei parto Orodes reunia tropas, com a ajuda, segundo constava, de Labieno, filho do lugar-tenente de César, que, como o pai, se juntara ao partido pompeiano. A hostilidade ao poder romano, que se adivinhava dividido, só podia aumentar com os impostos «excepcionais» aplicados, desta vez, por António.

Entretanto, os proprietários italianos espoliados por Octávio em benefício dos veteranos entram abertamente em rebelião, com o apoio de L. Antonius, irmão do triúnviro, e de Fúlvia. Octávio, auxiliado pelo legado Agripa, excelente guerreiro, empreende uma repressão impiedosa, que termina com a tomada de Perúgia, dominada pelos insurrectos, na Primavera do ano 40, e com o massacre da população.

Foram estes os acontecimentos que se desenrolaram entre a batalha de Filipos e o ano 40, no qual os triúnviros iriam tentar cumprir a missão de que haviam sido encarregados e reorganizar o Império.

Um mundo que aspira à paz

Neste mundo dilacerado por todos os lados, em que a força das armas substituía as leis, que esperança restava de reencontrar uma situação tranquila? Estaria o povo disposto, em Roma, nos campos, em Itália, a aguardar com mais ou menos paciência o retorno da paz, ou imaginaria alguma maneira de a recuperar? Ignoraríamos totalmente qual era então o estado dos espíritos, se o maior poeta de Roma, Virgílio, não tivesse, nesse ano, escrito as *Bucólicas,* onde se encontram alguns dos ecos despertos pelas peripécias do que foi um interminável drama.

Virgílio, como é sabido, era um Cisalpino da Transpadana, de Mântua e, portanto, um dos que haviam recebido de César o direito de cidadania romana no início da guerra civil, quando tinha vinte anos. Em 44 (contava então vinte e seis anos), encontrava-se muito provavelmente na Campânia, em Pausílipo, na baía de Nápoles, na escola reunida em torno do epicurista* Siron, onde vivia segundo a filosofia do Jardim* e se esforçava, em vão, por superar o amor pela poesia, compondo peças ligeiras. Mas, após alguns meses, não conseguiu resistir à sua profunda vocação e decidiu compor, no estilo do Siciliano Teócrito, outrora cortesão dos Ptolomeus, éclogas em que cantou a felicidade de uma vida simples, que não perturba as paixões, uma vida conforme às lições de Epicuro. Ora, uma destas éclogas (a que viria a ser a quinta da colectânea) canta a apoteose* de um pastor, Dáfnis (nome de um herói do folclore siciliano), que, feito deus, restituía aos mortais a tranquilidade e a paz. *Bonus amat otia Daphnis.* Dáfnis, o compassivo, aprecia o repouso. Transmite serenidade, tudo aquilo de que, precisamente, carece o mundo romano desde a morte de César. É altamente provável que não se enganassem, que Virgílio quisesse anunciar que, com a divinização de César regressaria a paz, graças ao novo deus.

Esta écloga, verdadeiro manifesto cesariano, foi muito provavelmente composta no início de 42, quando César foi oficialmente proclamado deus e a aliança dos triúnviros, sob a sua protecção, deixava adivinhar um mundo finalmente tranquilo. Não fora para assegurar a

O Nascimento do Império

paz no Império que os três magistrados haviam sido encarregados de criar estruturas ao Estado? Na cidade entregue a si mesma, o «bom Dáfnis» desempenharia o papel de Júpiter Capitolino, que, há muitos anos, parecia desinteressar-se do seu povo. Com o *divus Iulus* seria concluída uma nova aliança entre Roma e as divindades.

Anos difíceis. A ascensão de Octávio

Porém, como vimos, as dificuldades nem assim terminaram. Por uns tempos, pareceu mesmo que os triúnviros iam entrar em guerra uns contra os outros; mas, no início do mês de Outubro de 40, renovaram o acordo feito. É a paz de Brindes. Octávio e António reconciliam-se solenemente. Octávio obteria as províncias* do Ocidente (excluindo África, atribuída a Lépido), António seria senhor do Oriente e, garantia deste pacto, casaria com Octávia, irmã de Octávio, união que a morte de Fúlvia tornara possível. A paz reinava de novo, portanto, entre os herdeiros de César. A predição de Virgílio realizava-se. Esta paz reencontrada foi cantada pelo poeta numa outra écloga (a quarta da colectânea). Era, dizia-se, o início de uma nova era, a idade de ouro predita pelos Livros Sibilinos*. Símbolo e sinal deste retorno, Asínio Polião, um dos amigos de António, ia ser cônsul e acabara de nascer uma criança, futura testemunha da paz universal.

Entretanto, o próprio Virgílio tivera de enfrentar graves dificuldades. Aquando de uma partilha das terras, na Cisalpina, fora-lhe retirado o pequeno domínio que possuía. Uma primeira intervenção de Polião, lugar--tenente de António nesta província, permitira-lhe recuperá-lo, depois de enfrentar a má vontade e a violência do centurião a quem a propriedade fora atribuída. Só mais tarde pôde entrar definitivamente na posse do seu bem; aparentemente, a partir do ano 40 e da paz de Brindes, quando Octávio recebeu, por partilha, o governo de toda a Itália. Para que se fizesse justiça, Virgílio partira para Roma e apresentara o seu pedido ao novo senhor, que lhe restituiu, desta vez para sempre, o domínio de Mântua. Para agradecer a Octávio, o poeta compôs a écloga que abre a colectânea das *Bucólicas,* na qual apresenta Octávio, e só ele, como génio tutelar do Império ou, pelo menos, da Itália. A data deste poema não pode ser determinada com exactidão, mas não deve ser posterior ao recomeço das hostilidades, desta vez entre Octávio e Sexto Pompeu, que desmentiram frontalmente o optimismo da quarta Écloga.

Sexto Pompeu, depois de concluir a paz com os triúnviros em Miseno, em Agosto de 39, retomara a guerra no ano seguinte, já que, após alguns sucessos na Sicília contra Octávio, fora definitivamente derrotado no mar, em frente de Naulochus (Agosto de 36), por Agripa.

O Império Romano

Refugiara-se, então, na Ásia, em Mileto, onde foi morto por um oficial de António. Por seu lado, Lépido, acusado de não ter apoiado Octávio, e mesmo de o ter traído, foi destituído do cargo de triúnviro e exilado em Circei, um pequeno aglomerado situado na costa do Lácio, à beira da Campânia. Octávio conservou-lhe o título de *Pontifex Maximus**, que era sempre conferido por toda a vida. Respeitador, por esta vez, da legalidade, só usaria este título depois da morte de Lépido, no ano 12 a. C. Mas, então, há já muito que os problemas causados pela partilha haviam deixado de se impor.

Na verdade, depois do Outono de 40 e da paz de Brindes, António e Octávio encontravam-se sozinhos, frente a frente, na cena política, e compreende-se que a primeira Écloga, apesar de composta, como se julga, no Verão de 39, se dirija apenas a Octávio. Nesse momento, António encontra-se em Atenas, cada vez mais empenhado nos negócios do Oriente. O verdadeiro campeão da Itália, aquele de quem esta pode esperar a salvação, só pode ser Octávio. É, pois, para ele que vai o reconhecimento do pastor Títiro. Octávio é divinizado pela devoção popular. Oferecem-lhe sacrifícios. É o verdadeiro sucessor do *divus Iulius*. A partir de então, à divisão política do mundo entre António e Octávio, que tivera lugar em Brindes, em 40, sobrepõe-se uma divisão ideológica, de que o poeta nos fornece um testemunho. António e Octávio retomam, cada um deles, metade da herança cesariana. O segundo conserva em Roma, menos por convicção do que por necessidade, o que, nas formas «republicanas», é compatível com o seu poder absoluto. António, por seu lado, não renunciando ao projecto cesarista de abater o poder dos Partos e de recuar as fronteiras do Império tão longe quanto possível para Oriente, comporta-se cada vez mais como um rei helenístico. Companheiro e depois marido da rainha Cleópatra, uma nova Ísis*, quer ser, ele, o novo Dioniso*, o triunfador vindo da Índia. Instala reis vassalos em países que, até então, dependiam directamente de Roma. Amplia o reino do Egipto. Instala os filhos que teve de Cleópatra como reis da Arménia, da Média, da Silícia, da Síria, da Cirenaica. E é assim que todo o Oriente romano se desfaz em pedaços.

Tudo isto, como é sabido, criava em Roma um vivo descontentamento e só podia reforçar o ódio dos reis. Na verdade, Octávio exerce, também ele, um poder absoluto. E também não respeita a «liberdade». Assim, em 40, obriga o Senado a condenar à morte um senador, Salvidienus Rufo, suspeito de o trair, passando por cima do privilégio mais sagrado dos cidadãos romanos. Na sua vida privada, também não respeitava os direitos das pessoas. Casado com Escribónia, parente de Sexto Pompeu, não hesitou em a repudiar no próprio dia em que nasceu Júlia, a filha. De facto, apaixonara-se por Lívia Drusila, mulher de um pompeiano, Ti. Cláudio Nero, exilado durante muito tempo, mas que regressara a Roma depois da paz de Miseno. Octávio viu-a durante um banquete e declarou a sua intenção de casar com ela. Cláudio Nero repudiou-a e o casamento realizou-se a 17 de Janeiro de 38, embora Lívia, já mãe de um filho, o futuro Tibério, tivesse acabado de dar à luz um segundo filho. Não estava, também neste caso, a conduzir-se como um rei? Mas entre a «realeza» de Octávio e a de António era grande a diferença. Enquanto o marido de Cleópatra delapida (pelo menos aparentemente) os territórios do Império e fracassa na tentativa de conquistar a Arménia, Octávio reforça a fronteira na Ilíria e prossegue a penetração romana a sul dos Alpes e em direcção ao Danúbio. Não é indigno dos homens que, no passado, construíram o *imperium*. A monarquia, por outro lado, já não é, para a massa dos cidadãos, o objecto de horror de que se fala. Afigura-se, perante muitos, cada vez mais desejável.

A monarquia e os filósofos

Existe, de facto, uma corrente de pensamento que lhe é favorável, não sob a forma que lhe confere António, mas como César a esboçara. Na verdade, ficou demonstrado que, nos círculos epicuristas, e muito antes da guerra civil de 49, os espíritos estavam preparados para rejeitar a vida política tradicional, geradora de discórdias, de ambições incompatíveis com a serenidade da alma, a atracção pelas honras, pelas riquezas, que nada poderia satisfazer. Lucrécio, no poema *Da Natureza*, mostrara-o com a maior clareza; quem quisesse atingir o Bem supremo deveria renunciar a enfrentar a vida pública. A consequência estava implícita. Para assegurar a sobrevivência do Estado, bastaria um «guia», do qual se esperava que trouxesse um *otium**, essa paz exterior e interior a que aspiravam os pastores virgilianos. Situando o poema sob a invocação de Vénus «mãe», antepassada dos Julii, Lucrécio parecia sugerir que César, que desde há muito reclamava esta filiação divina, saberia realizar esta revolução dos espíritos.

Lucrécio terá sido um precursor. Pouco depois, durante a guerra civil, outro poeta-filósofo, o epicurista Filodemo de Gadara, amigo íntimo e director de consciência de um partidário e aliado político de César, o seu sogro Cn. Calpurnius Pisão, publicava uma obra intitulada *O Bom Rei segundo Homero*, que nos chegou, parcialmente, através dos papiros da biblioteca da casa dita dos Pisões, em Herculanum. Este livro, que poderemos datar de 46 ou 45, durante a vida de César, portanto, faz o elogio da monarquia tal como a apresentam os poemas homéricos. Neste programa, redigido por um autêntico teórico da filosofia epicurista, não só podemos distinguir certos traços da «monarquia» cesarista, que então se esboça, como, em contraste, a condenação do rei «mau», cujo retrato evoca a maneira como se comportou António, no tempo em que representava, em Itália, o ditador ausente. Outros indícios, como a presença entre os amigos de César de um verdadeiro círculo epicurista durante a guerra das Gálias, permitem pensar que, mesmo na aristocracia, o princípio de uma monarquia estava longe de ser rejeitado com horror. O Virgílio das *Bucólicas* estava menos isolado, neste aspecto, do que muitas vezes se crê.

É verdade que esta corrente de pensamento, a aspiração a uma monarquia que assegurasse o *otium* aos seus súbditos, beneficiou Octávio. A presença junto dele, desde o início da sua carreira, do amigo C. Maecenas (Mecenas), um cavaleiro de Arécio, em território etrusco, pertencente a uma família que, do lado da mãe, pelos Cilnii, gerara alguns reis, tende a confirmá-lo. Mecenas é um epicurista e é talvez a este título que se torna protector de Virgílio. De acordo com os preceitos da seita, recusa-se a fazer a carreira das honras. Díon Cássio conta que, depois da vitória de Octávio, Agripa, Mecenas e o futuro Augusto tiveram um encontro durante o qual este pediu conselho aos dois amigos para saber se seria conveniente restabelecer a República ou dotar Roma de uma monarquia. Mecenas pronunciou-se a favor de uma monarquia, e ganhou. Se bem que este debate se deva, em grande parte, à imaginação do historiador, assenta em factos reais e confirma que existia, sem dúvida, uma teoria epicurista da realeza, que beneficiou o vencedor António, se bem que as suas simpatias pessoais pareçam voltar-se mais para o estoicismo, pelo menos se nos recordarmos que teve por mestres e amigos dois filósofos pertencentes a esta escola, Areios Dídimo e Atenodoro de Tarso, filho de Sandon.

Na verdade, os estóicos não eram hostis à monarquia. Tinham-no provado, no tempo dos reis helenísticos; mas a sua doutrina, acolhida em Roma pelas personagens mais marcantes da aristocracia, adaptara--se à ética tradicional. O estoicismo tornara-se um código de comportamento, pensando-se que poderia conduzir quem o observasse a um estado interior próximo da sabedoria. Uma das últimas obras de Cícero, o tratado *Dos Deveres (De officiis),* é uma espécie de catecismo destinado àqueles cujo nascimento ou posição social apelavam a participar nos assuntos da cidade. Dedicara este livro ao filho. Atenodoro, por seu lado, ensinava, como os primeiros estóicos, que o «sábio» não tinha o direito de viver retirado, no *otium,* antes tinha o dever de trabalhar para o bem comum, de ser útil. Assim o exigia a Natureza, que quisera juntar os seres humanos numa sociedade. Esta doutrina, que não excluía, de modo nenhum, a monarquia, também não a impunha. É verdade que

O Nascimento do Império

o seu mais ilustre representante, Catão, morrera voluntariamente, em vez de aceitar a realeza de César e, depois de Catão, existiu, durante o primeiro século do principado, uma oposição estóica ao poder do *imperator*, mas que, como veremos, se foi reduzindo, até ao momento em que, com Marco Aurélio, os Romanos tiveram um imperador estóico.

Assim, tornava-se evidente que as duas doutrinas que dividiam os espíritos, numa Roma em que os filósofos se mostravam cada vez mais presentes, eram compatíveis com um regime monárquico, impondo o estoicismo apenas que houvesse lugar, na vida política, para a actividade dos melhores entre todos os cidadãos. Assim, podia imaginar-se um regime «misto», como outrora sonhavam os filósofos gregos, no qual um único homem assumiria a responsabilidade de conjunto mas acolheria a colaboração de todos, cada um de acordo com a sua posição no Estado. Foi este, em definitivo, o sistema do principado.

O triunfo de Octávio

Durante a dezena de anos que medeia entre a paz de Brindes e a guerra entre Octávio e António, viu-se aumentar o fosso que separava a monarquia de António e a que se instalava nas províncias orientais. A primeira inspirava-se na dos sucessores de Alexandre. Adivinhava-se já a constituição de uma dinastia, na qual os filhos do rei receberiam, automaticamente, a herança do pai. Também corriam rumores de que Roma deixaria de ser a capital do mundo, a cidade-rainha, que este papel caberia a Alexandria, onde confluíam todas as correntes de pensamento que percorriam o Oriente; paralelamente às tradições egípcias as do mundo judeu, sem contar com a presença do helenismo, cuja língua era há muito o modo de expressão comum aos cientistas e aos pensadores desta metade do mundo. Se o poder político se instalasse nesta cidade, que restaria a Roma?

Os poderes de Octávio

Não sem dar mostras de habilidade, Octávio procura dar a conhecer aos Romanos esta política de António, acusando-o, implicitamente, de querer reduzi-los à escravatura. Entretanto, outorga-se poderes e títulos excepcionais, conservando as formas tradicionais das magistraturas, ou modificando-as o mínimo possível. E, deste modo, esta monarquia que constrói para si mesmo, revela-se tolerável, ou melhor ainda, um instrumento de salvação. A leitura das *Res Gestae** mostra que sempre se esforçou, e desde a vitória sobre António, por apresentar todas as inovações institucionais que impõe como simples modificações das tradições republicanas, que não punham em perigo o conjunto do sistema mas eram apenas medidas excepcionais e, por isso mesmo, provisórias. Esta apresentação das suas actividades não se detém com a conquista definitiva do poder. Abrange toda a espécie de cargos que veio a exercer em seguida. Assim, todo um capítulo é consagrado à enumeração dos que lhe foram oferecidos, e que declinou: em primeiro lugar, a ditadura, quando todos sabiam que fora oficialmente abolida, em 44, por ocasião da morte de César, mas que o Senado tentou restabelecer, em 22 a. C., por pressão popular, ao mesmo tempo que lhe pediam que assumisse a *cura annonae,* isto é, a gestão do abastecimento da Cidade. Esta *cura annonae* fora exercida por Pompeu em 57, o que lhe permitira receber um *imperium* extraordinário, que aumentara a sua influência antes da guerra civil. Augusto não pôde recusar, mas exerceu-a apenas durante alguns dias, como declara ao assumir as despesas que permitiram o restabelecimento de um mercado normal.

O povo e o Senado também lhe ofereceram o consulado perpétuo. Octávio recusou esta derrogação à regra, o que levou ao esquecimento de que fora onze vezes cônsul*, mas nem sempre de seguida! Colocava-se o problema da censura, que não podia ser esquivado. Urgia pôr termo às desordens morais que haviam acompanhado as guerras civis, mas também não se tratava de designar censores, como outrora. Os seus poderes não poderiam deixar de usurpar os que o príncipe reservava para si. Para resolver esta dificuldade, o Senado e o povo ofereceram-lhe, em 19 e 11 a. C., uma nova magistratura, que teria equivalido à censura, sem os inconvenientes que esta implicava, uma *cura legum e morum,* conferindo-lhe o direito de controlo sobre as leis e o comportamento privado dos cidadãos. Mas ele recusou, a pretexto de que era uma magistratura «contrária aos costumes dos antigos» (R. g., 6, 2), e, na mesma passagem das *Res gestae,* acrescenta que se contentou, para realizar o que o Senado pretendia, com o poder tribunício*.

Aqui, reencontramos o que está no próprio cerne do poder imperial, esse «poder» que conferia ao príncipe a iniciativa das leis (por intermédio dos comícios *tributa)* e o direito de *intercessio*,* isto é, de intervir na gestão dos magistrados, fossem quais fossem. Aquele que o possui adquire desde logo um poder sem limites e que permanece perfeitamente legal. É evidente que, durante todo o período em que António governa o Oriente como senhor absoluto, Octávio procura salientar a legalidade da sua própria posição. Desde 27 de Novembro de 43, era, como vimos, triúnviro de poder constituinte, primeiramente por um período de cinco anos, depois, a partir de 37, por um segundo período de cinco anos, que, muito provavelmente, terminava no fim do ano de 33. Este triunvirato fora-lhe confiado por uma lei. Ignoramos em que condições foi renovado,

O Nascimento do Império

em 37, se houve uma nova lei ou uma simples recondução tácita. De qualquer modo, já não era possível pensar no seu prolongamento para além de 33, tendo em conta as tensões existentes entre os triúnviros, mais ou menos encobertas pela paz de Miseno. A Octávio colocava-se, pois, o problema de saber qual seria a sua situação legal uma vez terminado este prazo. Para ele, a solução consistia em outorgar a si próprio as prerrogativas que, até então, pertenciam aos tribunos da plebe, a «sacrossantidade»* da sua pessoa e o direito de *intercessio*. Tornava-se, assim, um verdadeiro tribuno perpétuo e o seu estatuto legal já não podia, sob pena de sacrilégio, ser contestado. É significativo que este poder tribunício lhe fosse conferido, por uma lei, em 36. Havia um precedente, o de César, que o recebera depois da pacificação do Oriente e o destinava a reprimir as eventuais tentativas da oposição senatorial. Do mesmo modo, a sua atribuição a Octávio durante a campanha travada contra Sexto Pompeu e quando existiam, mesmo em Roma, senadores partidários de António, era uma garantia para o futuro. Mas também não era indiferente que o filho de César exercesse as prerrogativas de uma magistratura que, desde os primeiros tempos da República, tinha por fim defender a *Libertas**. Na medida em que António representava uma ameaça de monarquia «à oriental», o «tribunato perpétuo» de Octávio surgia como uma garantia contra a tirania e, ao mesmo tempo, contra a preponderância da oligarquia.

Aparecimento de uma dinastia

Por fim, a sacrossantidade inseparável do tribunato vinha legalizar o sentimento, largamente compartilhado, de que o jovem herói – o que Virgílio cantava dois ou três anos antes, na primeira Écloga – era divino em mais do que metade. Em breve se tornou evidente que esta «sacralidade» era inerente à própria família de Octávio, quando o Senado a atribuiu, não só a ele mas também a Lívia e a Octávia, irmã do príncipe, que António proibira, nesse mesmo momento, de se lhe juntar no Oriente. Estava a nascer uma dinastia, mas que em nada se assemelhava à de António! A divindade dos Julii fora reconhecida por um movimento popular espontâneo, em redor da fogueira do herói, e já estava implícita na tradição das origens troianas de Roma. A «divindade» de António não tinha outra justificação para além da vontade do triúnviro e da complacência dos súbditos do reino que a si próprio atribuíra. Foi esta, pelo menos, a imagem que Octávio quis transmitir daquele que, depois de aliado, passara a ser rival. Não o conseguiu totalmente uma vez que, quando se deu a rotura definitiva entre eles, no início do ano de 32, ao expirar o triunvirato, os dois cônsules legalmente eleitos abandonaram

Roma para se juntarem a António, e foram seguidos por trezentos senadores. De que lado se encontrava a legalidade? Os esforços de Octávio, que já recordámos, hábil e obstinadamente perseguidos ao longo de dez anos, apenas haviam obtido um meio sucesso. Finalmente, a força decidiria.

Uma nova legitimidade

Octávio, porém, imaginou um derradeiro estratagema. Menosprezando a legalidade romana, a das magistraturas e das leis, que já não detinha, uma vez que o seu mandato de triúnviro chegara ao fim, fez-se plebiscitar pelos habitantes das províncias ocidentais e, em primeiro lugar, de Itália. Apresentando-se-lhes como seu «chefe», seu *princeps*, leva-os a prestar-lhe juramento – o que, pelo simples facto de existir um consentimento solene, lhe confere uma legitimidade incontestável, mesmo não tendo sido adquirida nos contextos tradicionais. Nesse momento, Octávio inventa uma nova realidade política, ou talvez se inspire em tradições meio esquecidas, as que haviam dado origem aos tribunos muitos séculos antes. O poder assim conferido a Octávio não é o *imperium*, uma vez que não emana de uma investidura pelos comícios por cúrias*. O *imperium* já ele o detém há muito e toda a operação militar a que presidir será «justa» aos olhos dos deuses; mas é necessário que as populações civis, colectivamente, o reconheçam como guia e, assim como os soldados lhe prestam, como ao chefe, juramento militar, também os habitantes das cidades, das colónias, dos municípios* e dos campos, seja qual for o seu estatuto jurídico, são convidados a prometer fidelidade àquele que assegurará a sobrevivência do Estado até ao restabelecimento da legalidade anterior. Este juramento só é obviamente válido durante o período em crise que se anuncia. Depois, as instituições tradicionais recomeçarão a reger o Estado. Pelo menos, era esta a doutrina oficial.

É sabido que, depois da derrota de António, Octávio manifestou efectivamente a intenção de «restabelecer a República». Muitos historiadores consideram esta declaração hipócrita e avaliam de forma semelhante a que Augusto fez, no mesmo sentido, em 23. Hipocrisia, talvez, não podemos afirmá-lo. Seja como for, o principado, baseado, como dissemos, no consentimento de todos, na obediência a uma só pessoa, apresentar-se-á, durante todo o reinado de Augusto, como um regime transitório, destinado a preparar o retorno à antiga legalidade. O problema deste retorno colocar-se-á com acuidade no momento em que Tibério suceder a Augusto. Reencontrá-lo-emos, de longe em longe, nas mudanças de reinado.

O Nascimento do Império

A guerra do Áccio

Octávio, uma vez assegurada a fidelidade das províncias que controlava, assim como a dos Italianos e do povo da Cidade, pôde abrir as hostilidades contra as forças de António, que, oficialmente, eram as da rainha Cleópatra. A declaração de guerra, solene, só a menciona a ela. Esta fórmula apresentava várias vantagens. Evitava que se pudesse criticar Octávio por reacender a guerra civil, uma vez que, oficialmente, se limitava a defender o Império contra os avanços de um soberano estrangeiro. O que não só era legítimo como altamente meritório. Mais ainda, como se trata do Egipto, procura-se realçar o que separa este país dos outros povos. Neste conflito, imagina-se que as próprias divindades estão divididas. De um lado, estão as de Roma, do outro os seres monstruosos aos quais se presta culto nas margens do Nilo. Horácio e Virgílio afirmam-no. Voltam a surgir velhas imagens, as da guerra entre os Olimpianos e os Titãs*. É possível, de facto, que, em dado momento, os Italianos tivessem realmente medo de ver desembarcar em Brindes, ou algures, tropas bárbaras, cujos cavalos espezinhariam o túmulo de Rómulo e a terra ancestral; mas, na realidade, a guerra que se anunciava, nesse ano de 32, não foi, nem podia ser, o confronto entre duas culturas, dois universos espirituais diferentes. Os deuses do Egipto, sobretudo Ísis*, e com ela Osíris, tinham há muito direito de cidade em Itália. As forças do Oriente, comandadas por António, provinham em grande parte de países helenizados, de modo algum bárbaros, e, inversamente, também há muito que a cultura helénica impregnava os países do Ocidente, da Campânia à Narbonense.

Esta guerra, desejada por António, aceite como inevitável por Octávio, durou pouco. As operações decisivas tiveram lugar, como as duas guerras civis precedentes, na junção do Ocidente e do Oriente, no Epiro. António dispunha de tropas consideráveis, de infantaria, cavalaria, e também de uma frota numerosa, na qual se encontrava Cleópatra. Agripa, que comandava a frota de Octávio e que tinha a experiência destes combates na Sicília, contra Sexto Pompeu, preferiu atacar no mar, sendo a relação entre as forças terrestres uma clara desvantagem para Octávio. Os navios de António encontravam-se ancorados no golfo de Ambrácia. Quando os de Agripa se apresentaram, os adversários recearam ver-se cercados, imobilizados, sem possibilidades de manobra e tentaram abandonar a baía. A acção correu mal. Cleópatra fugiu. António seguiu-a. Era o fim da guerra. Todas as forças de António, na terra e no mar, depuseram as armas. Só os navios que Cleópatra comandava pessoalmente conseguiram fugir, e alcançaram Espanha.

O Império Romano

A vitória de Apolo

O combate realizara-se a 2 de Setembro de 31, em frente do cabo de Áccio. Ora, neste local erguia-se um templo de Apolo e ninguém teve dúvidas de que a vitória fora concedida a Octávio pelo deus. Há muito que Apolo era, por parte do príncipe, objecto de uma veneração muito particular, e murmurava-se mesmo que a mãe de Octávio, em 36, iniciara a construção de um templo a Apolo, no Palatino, numa parte da sua própria casa. Tratava-se de um edifício particularmente magnífico, rodeado por dois pórticos onde serão instaladas, mais tarde, duas bibliotecas, uma para as obras em grego, outra para as obras em latim. O edifício só foi terminado e dedicado em 28. Continua a ser um dos monumentos mais característicos da política religiosa de Augusto e o símbolo da esperada grande renovação cósmica, o «novo século» que, em 17, será celebrado pelos Jogos* Seculares.

Uma vez obtida a vitória no Áccio, a reconquista do Oriente processou-se de acordo com o cenário que doravante se tornará habitual. Octávio, no fim do ano, partiu para a Ásia, para o Efeso, onde, no ano anterior, António reunira o grosso das suas tropas. Pelo caminho, sem usar de violência, subjugou a Macedónia e a Grécia. Mas, durante o Inverno, eclodiram motins na Itália: os soldados desmobilizados do exército vitorioso exigiam terras e gratificações. Octávio teve de ir apaziguá-los pessoalmente. Apareceu em Brindes, onde o esperavam o Senado e quase todos os magistrados. Também ali havia soldados descontentes, que aceitaram as promessas de Octávio, que se dispôs a distribuir-lhes terras que ele próprio comprou, com o seu dinheiro. Em Brindes, inaugurou o quarto consulado e, vinte e sete dias mais tarde, regressou ao Oriente, no fim de Janeiro. Na Primavera, iniciou-se a campanha decisiva contra o Egipto. Partiram dois exércitos para Alexandria, um de Cirenaica, comandado por C. Cornélio Galo, um amigo de Virgílio, também ele poeta, o outro sob as ordens do próprio Octávio, vindo da Síria. António marchou primeiramente ao encontro de Galo, mas sofreu um desaire. Dirigiu-se então para a frente leste e tentou defender Alexandria. Derrotado, refugiou-se num navio, esperando que a rainha o seguisse. Esta, porém, estabelecera negociações secretas com Octávio e, proibindo todos os seus de oferecer resistência, encerrou-se no túmulo que há muito se encontrava preparado para ela. António julgou--a morta e quis suicidar-se. Gravemente ferido, soube que Cleópatra continuava viva. Fez-se transportar para junto dela, onde morreu. Alguns dias mais tarde, a 1 de Agosto de 30, Octávio entrava em Alexandria. Cleópatra, segundo a tradição, suicidou-se, pois receava que o vencedor a obrigasse a figurar no seu triunfo. Preferiu a morte à desonra.

O Nascimento do Império

O Império pacificado

A tomada de Alexandria foi imediatamente considerada uma das datas mais importantes do reinado. Marcava a anexação do Egipto ao Império, mas também, ao mesmo tempo, o fim das guerras civis. Assim, é a 1 de Agosto do ano 2 a. C. que se inaugura em Roma o templo de Marte Ultor, Marte Vingador, o deus que permitira que fossem punidos os assassinos de César. Com o desaparecimento de António, todo o Oriente, onde quisera fundar o seu próprio império, foi facilmente subjugado e o *imperium romanum* reunificado. Mas subsistia o problema que se encontrava na origem da guerra: que forma, que estrutura conferir ao Estado Romano? A antiga constituição republicana – ou, pelo menos, o conjunto dos costumes a que assim podemos chamar – revelara demasiados defeitos para que fosse possível restabelecê-la tal e qual. As estruturas sociais a que outrora correspondia tinham mudado e o que poderia bastar a uma cidade de dimensões medíocres adaptava-se mal a um imenso império que compreendia reinos e «nações» em que subsistiam formas políticas arcaicas. Como reger tantos países, e tantos seres humanos, desde os desertos africanos até às antigas e prestigiadas cidades do mundo grego? Os provinciais aspiravam a um regime capaz de os defender contra as exacções de antanho, sem perturbar as suas próprias tradições. Em Roma, os representantes das antigas famílias senatoriais desejavam, sem dúvida, recuperar os privilégios perdidos e recomeçar os jogos habituais; mas, devido às guerras civis, estas famílias tinham-se tornado menos numerosas; muitas delas encontravam-se também arruinadas e incapazes de manter a habitual elevação. Pelo contrário, inúmeros imigrados, vindos do Oriente e de províncias como as Espanhas, e ainda Italianos fugidos dos campos empobrecidos, abandonados durante as guerras, haviam afluído a Roma. Assim, a plebe urbana engrossara, e durante os últimos anos da República fora possível avaliar o perigo que representavam para a ordem pública estes elementos populares, desenraizados, muitas vezes ociosos e sem recursos. Tornava--se indispensável uma verdadeira revolução, pacífica, institucional, que integrasse e organizasse estas massas. Entre estes imigrados figuram igualmente notáveis, vindos do seu município* ou colónia, e susceptíveis de reforçar a aristocracia tradicional. Um cavaleiro de Gades (Cádis), Cornélio Balbo, fora um agente de César, e havia outros.

Também já recordámos que novos sentimentos haviam emergido entre a opinião pública. Já não se recusava a certos «grandes homens» um prestígio que, outrora, estaria na origem da acusação de aspirarem à realeza, provocando-lhes eventualmente a morte. Eram consideradas personagens providenciais, chamadas a «meter na ordem» os assuntos do Estado: no início do século, Sila; mais tarde Pompeu. Esperava-se deles que mantivessem a «majestade» do povo romano, prosseguissem a conquista do mundo e, de forma mais imediata, assegurassem o abastecimento da Cidade e ainda o desenrolar das festas que marcavam as estações do ano e traziam os Jogos*, símbolos da grandeza romana, garantes do pacto que unia a cidade aos deuses. A antiga aversão aos reis esbatia-se, por fases. Mas a inflexão das instituições para a monarquia não devia ser muito evidente. O sistema político imaginado e implantado por Octávio e pelos seus conselheiros, ao regressarem do Oriente, devia ter em conta todos estes imperativos, tudo o que mudara no Estado desde o século precedente. Não julguemos que o «príncipe» – apresentado, precisamente, como um desses homens milagrosos de quem tudo se espera – tenha começado por se preocupar em assegurar a sua própria autoridade, aspirando a transformar esta autoridade de facto numa tirania inconfessada. O que essencialmente se propunha era criar instituições capazes de revelar e tornar eficazes as forças reais da cidade romana, pelas quais era responsável desde o dia em que lhe fora confiado o mandato de triúnviro *rei publicae constituendae,* encarregado de «meter o Estado na ordem».

As reformas políticas

E foi assim que Octávio, consagrado Augusto (isto é, como veremos, dotado de uma eficácia divina) pelo Senado, se lançou ao trabalho. No antigo regime, a intriga eleitoral fora uma das principais causas de perturbações. Assim, o novo senhor imaginou vários métodos susceptíveis de a tornar inútil. Tendo em vista este objectivo, era crível reduzir as incertezas criadas por uma votação incontrolada das formações eleitorais (centúrias e tribos). Cláudio, na célebre inscrição de Lião, como precedendo a sua própria reforma, que Augusto quis introduzir no Senado «a fina flor das colónias e dos municípios, isto é, homens de bem e ricos». Como Augusto detinha, em virtude dos seus poderes consulares, o direito de receber as declarações de candidatura, tinha a faculdade de apresentar aos eleitores quem quisesse, entre as elites provinciais, e não hesitava em aumentar, do seu bolso, a fortuna daqueles que não possuíam o *cens* (isto é, o capital) exigido por lei. Augusto também tinha o direito de recomendar pessoalmente este ou aquele candidato ao voto dos eleitores, o que obrigatoriamente conduzia à sua eleição. Deste modo, não fazia mais do que conformar-se a um costume muito antigo, de que as muralhas de Pompeia são testemunho, a *commendatio,* que permitia a qualquer cidadão instituir-se garante, junto dos eleitores, das qualidades de um candidato. Mas não podia desprezar-se uma *commendatio* do príncipe!

O Nascimento do Império

Apesar de tais precauções, a intriga nem por isso deixava de grassar, de tal modo que se considerou necessário, no ano 8 a. C., promulgar uma nova lei, prevendo que quem desse dinheiro a alguém com o fim de obter o seu voto seria inelegível por cinco anos. Mas nem assim terminaram as perturbações nos anos que se seguiram. Foi por isso que, três anos mais tarde, em 5 a. C., a lei *Valeria Cornelia* introduziu uma reforma profunda do sistema eleitoral, criando dez centúrias (isto é, dez novos colégios eleitorais), sob a invocação de Gaio e Lúcio César, os dois netos de Augusto, recentemente falecidos. Estas dez centúrias eram compostas por senadores e cavaleiros, estes escolhidos entre os membros da ordem equestre que figuravam nos tribunais permanentes. Os seus membros votavam a eleição dos pretores* e dos cônsules* e o seu voto juntava-se ao das outras centúrias, segundo um processo que não é totalmente claro para nós, mas que parece ter-lhes atribuído uma relativa preeminência no interior do corpo eleitoral. Esta lei, como é evidente, teve por efeito aumentar a influência das classes «superiores», aquelas que, no século seguinte, se denominarão *honestiores,* por oposição a *humiliores,* e que beneficiarão de privilégios jurídicos.

Outra causa de perturbações fora, nos últimos tempos da República, a rivalidade entre os senadores e os cavaleiros. Desde que os membros das duas ordens se sentavam lado a lado nos tribunais, esta rivalidade perdera acuidade. Augusto prosseguiu a mesma política, associando as duas ordens à condução dos assuntos. Não só constituía uma garantia de paz civil, como aumentava os recursos humanos, multiplicando o número dos que exerciam funções essenciais no Estado e ocupavam, de uma ou outra maneira, e independentemente dos imponderáveis eleitorais, postos de grande responsabilidade. Utilizando faculdades excepcionais no antigo regime, Augusto criou «prefeitos» *(praefecti)* e procuradores *(procuratores)*, que dependiam apenas dele, e que escolheu entre os cavaleiros. O primeiro «prefeito» assim criado foi o do Egipto, estabelecido depois da conquista. Seguiu-se, no ano 2 a. c., uma prefeitura do pretório, confiada a dois cavaleiros, Q. Ostorius Scapula e P. Salvius Aper, que receberam o comando da guarda pessoal do príncipe, o seu «pretório». Houve, pouco depois, um «prefeito da anona», encarregado do abastecimento de Roma, em substituição dos *curatores annonae,* magistrados de categoria senatorial, temporariamente delegados nesta função durante uma crise. Quanto ao prefeito da anona, era um cavaleiro colocado directamente sob as ordens de Augusto.

Assim, as reformas empreendidas depois da vitória e que criavam uma verdadeira reestruturação do Estado parecem ter sido ditadas por vários princípios: nomear quadros estáveis para assegurar a gestão dos serviços essenciais do Império e, ao mesmo tempo, utilizar as competências de homens a quem repugnava entrar no jogo da vida política tradicional, aqueles que os filósofos epicuristas (e, mais recentemente, Lucrécio) advertiam contra as «tempestades» do Fórum e do Campo de Marte. Pensemos no amigo de Cícero, Pompónio Ático, que recusou o cargo de senador, ou ainda em Mecenas, ou em outros menos célebres, como Annaeus Mela, irmão mais novo de Séneca, que escolheu a carreira de cavaleiro quando podia ter sido senador.

Uma constituição mista?

Esta política visava criar uma classe «média», cujo aparecimento viria modificar profundamente a estrutura da sociedade romana. No tempo da República, Roma aparecia como um Estado essencialmente aristocrático. Com o principado, a componente monárquica, outrora representada pelo consulado, que não era mais do que a sua sombra, tornava-se predominante. A componente aristocrática não era suprimida; mas, em vez de formar, como trinta anos atrás, uma casta fechada, na qual «homens novos» tinham a maior dificuldade em se introduzir, abria-se largamente e, de certo modo, desdobrava se, integrando não só a ordem senatorial (renovada) como a ordem equestre. A antiga ideologia helenística, popularizada em Roma desde o tempo de Políbio, cerca de um século antes do nascimento de Augusto, pretendia que um regime político seria «o melhor possível» se, às componentes precedentes, se juntasse uma terceira, a democracia, que concedesse ao povo um papel no Estado. Na Roma de Augusto, este elemento não foi esquecido: as assembleias tradicionais subsistiram. Mas a manipulação das eleições, de que já falámos, prevenia os excessos e, por outro lado, o apelo feito aos cavaleiros fornecia um elemento daquilo a que poderíamos chamar uma «democracia temperada». A Constituição sonhada pelos filósofos tornara-se uma realidade? O regime desejado por Augusto evitaria os escolhos da tirania, permitindo a subsistência das instituições tradicionais; poria fim à violência e às intrigas dos «grandes»; restabeleceria a preeminência da lei. Parece ter sido este o grande propósito do príncipe.

O papel do príncipe

A verdade é que o príncipe continuava a deter, de facto, a quase totalidade dos poderes. Possuindo o *imperium*, chefe dos exércitos, estava omnipresente no Império; mas, desejoso de realizar o equilíbrio entre ele próprio e os magistrados herdados da «Liberdade», estabeleceu uma distinção entre as províncias*: as mais antigas, pacificadas, continuarão a ser administradas sob o controlo do Senado, por um antigo magistrado

O Nascimento do Império

(procônsul*, propretor*); as outras, em que ainda era indispensável a presença de um exército, eram confiadas ao imperador, que se fazia representar por um lugar-tenente *(legatus),* segundo um processo já utilizado na República, por exemplo quando Pompeu, a quem fora confiada a província de Espanha, permaneceu em Roma e confiou, no terreno, a acção aos seus *legati.* Entre as províncias «senatoriais», apenas uma, a de África, possuía um exército, a legião* III Augusto, estabelecida nos confins de zonas desérticas.

O imperador dispunha, para além dos *legati,* de administradores civis que eram seus agentes em toda a espécie de domínios, em particular o das finanças, os procuradores, já mencionados. Trata-se, em geral, de cavaleiros, a quem o príncipe confiou a tarefa de gerir os seus bens, que são imensos, e dispersos por todas as províncias. Há muito que era costume, entre os senadores, recorrer ao serviço de cavaleiros para gerirem os seus negócios, uma vez que, legalmente, só podiam auferir lucros de domínios situados em Itália. Os imperadores, a partir de Augusto, prosseguiram com a mesma tradição. As atribuições dos procuradores tenderam a aumentar. Alguns viram-se encarregados de administrar províncias, chamadas, por esta razão, procuratorianas. Na maior parte das vezes, continuam a ser «financeiros», que mantêm ao seu serviço libertos e escravos do imperador, isto é, gente da casa.

Este sistema apresentava diversas vantagens. Assegurava, em todo o Império, o domínio do príncipe e, talvez o mais importante, colocava, ao lado do governador (propretor, legado, etc.), um agente do imperador, que exercia sobre este um controlo permanente. Uma passagem célebre da *Vida de Agricola* mostra como era sentida esta situação. Tácito, expondo as recriminações dos Bretões contra a dominação romana, diz-nos, pela boca deles: «Outrora, cada povo tinha um rei; agora, impõem-lhe dois, um dos quais, o governador, lhe controla a vida, e o outro, o procurador, os bens...» (XV, 2). Está bem de ver que não eram raros os conflitos entre estes dois representantes do poder, um dos quais dispunha de toda a liberdade para espiar o outro.

Um dos problemas mais urgentes que Augusto enfrentava residia em evitar, ou prevenir, abusos semelhantes aos dos governadores que, no tempo da República, haviam desonrado a dominação romana. A instituição dos procuradores era um meio de o conseguir. Mas Augusto não ficou por aqui. Usando do direito, que lhe conferia o seu *imperium* proconsular, de publicar edictos que teriam força de lei nas cidades provinciais, criou toda uma legislação destinada a facilitar o recurso dos provinciais contra os abusos de toda a ordem de que poderiam ser vítimas. Assim, foram descobertas, em Cirene, em 1926, inscrições que conservaram o texto de cinco edictos instituindo uma jurisprudência destinada a garantir a «liberdade» dos provinciais, decidindo, por exemplo, que os tribunais, em matéria criminal, deviam ser compostos por igual número de juízes romanos e juízes gregos (originários da própria província). Trata-se de evitar que os residentes romanos exerçam uma tirania de facto sobre os cidadãos de origem grega. Mas também era crível que fossem cometidos abusos pelas autoridades da própria cidade. Assim, as pessoas da província que se considerassem lesadas pelos seus concidadãos podiam recorrer ao governador, ou mesmo, em certos casos, ao próprio imperador. Eram tomadas todas as precauções para que a decisão não coubesse nunca a um único homem. Em caso de apelo ao príncipe, este julga «de seu conselho», quando não remete, muito simplesmente, o caso para o Senado.

Um historiador antigo, Díon Cássio, fala-nos das precauções tomadas por Augusto para não poder ser acusado de tirania. Começava por apresentar ao povo o texto das leis que elaborava e convidava-o a fazer as objecções ou reflexões que o texto sugerisse. O que era uma atitude conforme ao espírito «democrático», que pretendia manter na cidade.

O imperador, ser divino

Augusto apresentava-se, pois, e por sua vontade, não só como guia dessa vontade, mas como protector de todos. O que equivalia a considerá--lo como um ser mais do que humano. As honras concedidas a César (o pai adoptivo) haviam feito do ditador morto um verdadeiro deus. *Diui filus* (filho de um ser divino), Augusto não podia deixar, também ele, de ser considerado possuidor de uma natureza divina. Assim, desde muito cedo, e ainda antes da vitória do Áccio, certas cidades italianas associam--se espontaneamente aos seus deuses, e surgem manifestações análogas no Império, sobretudo no Oriente, onde o culto dos soberanos era habitual, e onde António se outorgara o título de «Novo Dioniso*», depois de Cleópatra, a «Nova Ísis*». A divinização de um ser humano, que a Roma dos primeiros tempos conhecera, era aceite por todos, não só entre a opinião pública, mas também pelos filósofos, muitos dos quais salientavam o parentesco entre a alma humana e a divindade. A divinização significava essencialmente que o ser humano em questão dera provas, durante a vida, de que era animado por uma força particularmente eficaz, e, tratando-se de um homem de Estado, de que fora «feliz», *felix,* em tudo o que havia empreendido, por conseguinte benéfico para a pátria. É este o significado do título *Augustus,* que o Senado concedeu a Octávio, no mês de Janeiro de 27. Mais de meio século atrás, o ditador Sila também fora qualificado de *felix,* mas, como

O Nascimento do Império

era evidente, não poderia atribuir-se o mesmo epíteto a Octávio. O tempo de Sila deixara muito más recordações! A imaginação dos senadores soube encontrar um honroso equivalente.

Doravante, o título de *Augustus* será retomado por todos os imperadores, mesmo por aqueles que, como Tibério, recusaram o de *imperator*. A função imperial é inseparável da sacralidade. O imperador é *Augustus* pelo próprio facto de ter sido elevado ao poder. Não há necessidade de justificação pelos actos. A sua divindade é inerente à instituição do principado, que é o objecto principal do Império. Há muito que este é reconhecido como uma realidade divina. Segundo Tácito (*Anais,* IV, 56), os habitantes de Esmirna foram os primeiros a instituir um culto em honra de Roma, considerada uma deusa. Passou-se em 195 a. C., o ano em que Catão foi censor.

O imperador, vivo, ainda não é um deus, é o agente da divindade, a alma desse ser transcendente que é o Estado Romano. Tal é a missão que lhe foi confiada. Se se mostrar digno, o povo romano divinizá-lo-á definitivamente, uma vez terminada a sua vida terrestre. Tornar-se-á então *divus*, e receberá um culto oficial. Aconteceu com César, e depois com Augusto. Mas nem Tibério nem Calígula serão admitidos neste panteão; a avaliação do seu reinado não o permitiu. Houve, pois, na memória de Roma, «bons» e maus imperadores, só os primeiros tiveram direito a templos e sacerdotes, mas todos, em vida, participaram do poder dos deuses.

O imperialismo augustano

Augusto almejou incluir no Império a totalidade do mundo. Pelo menos, afirmou-o. O título das *Res Gestae** declara sem ambiguidades que os «actos do deus Augusto» têm por resultado submeter «o conjunto da terra ao poder do povo romano», e a couraça da célebre estátua de Augusto, encontrada em Prima Porta, traduz em imagens esta mesma ambição, que o príncipe esteve muito longe de realizar. Começou por restabelecer a paz no interior de certas províncias em que a administração romana se encontrava em dificuldade. Foi assim que, em 27, chefiou várias campanhas nas Astúrias e na futura província de Leão, contra os Cântabros, mas não pôde prossegui-las para lá do ano 24, durante o qual adoeceu e teve de regressar a Roma. Voltou a Espanha dez anos mais tarde, entre 16 e 13 a. C., e pôde então conferir à península a sua organização definitiva, dividindo-a em três províncias, a Bética (a sul), a Tarraconense (o leste da Espanha central) e a Lusitânia (aproximadamente o actual Portugal).

Durante estes mesmos períodos, Augusto teve de intervir na Gália, onde subsistiam, aqui e ali, veleidades de independência. Os Aquitanos já se haviam sublevado, depois da morte de César. Em 38, Agripa obteve sobre eles uma vitória não decisiva e, em 31, Valério Messala Corvino, outro dos «marechais» de Octávio, empreendeu contra eles uma campanha que lhe valeu o triunfo. Mas as Gálias, no seu conjunto, mantiveram-se suficientemente tranquilas para que Augusto, entre 16 e 13, pudesse instalar-se em Narbona, a fim de aí efectuar o *cens*. A pacificação dos povos, incluindo os da «Gália cabeluda», implicava, de facto, a integração administrativa no Império, o que exigia o recenseamento de todos os homens livres, cidadãos romanos ou membros das cidades indígenas. Este recenseamento, tradicional em Roma e em Itália, tinha vários fins e permitia conhecer os recursos em homens (tendo em vista o recrutamento) e em dinheiro (tendo em vista o cálculo dos impostos). Durante este período, é possível distinguir uma política de expansão, sobre a qual estamos mal informados, mas que conduziu os generais romanos a penetrar na Germânia. Foi assim, segundo consta, que Agripa transpôs o Reno, ignoramos em que momento. Sabemos apenas que acolheu os Úbios, um povo germânico, no interior do território gaulês e fundou, em sua intenção, uma colónia, a *colonia Agrippinensis Ubiorum*, onde nasceria a mãe de Nero. Começam a esboçar-se dois traços dominantes da política romana, desejosa de temperar (ou mesmo de substituir) a conquista militar pela assimilação daqueles que, outrora inimigos, se tornam aliados *(socii)*.

A cordilheira dos Alpes estava ocupada por populações independentes. Até então, estes montes haviam sido atravessados, mas nunca verdadeiramente ocupados. Augusto decidiu fazê-lo. Ao cabo de longas campanhas, pôde, enfim, construir, na via ao longo do mar, em La Turbie, um troféu que consagrava a sua vitória definitiva. Mas isto só se verificou no ano 7 a. C.

Foi também um problema de comunicação entre as províncias que conduziu Augusto a ocupar a Ilíria, isto é, o conjunto dos países situados a leste do Adriático. Começara a marcha para o Danúbio. Agripa é encarregado das operações, no ano 13 a. C., mas morre bruscamente no ano seguinte. No mesmo ano, Druso, um dos genros de Augusto, é encarregado de efectuar uma incursão profunda pela Germânia. Transpõe o Reno, no vale, em Xanten, e dirige-se para leste. No ano seguinte, nova ofensiva, desta vez a partir de Mogúncia, depois pelo vale do Meno. No ano 10 a. C., Druso escolheu um terceiro eixo para um reconhecimento profundo; alcançou o Elba, onde se deteve, por ordem do próprio Augusto, dizem os historiadores modernos, o que não significa de modo algum que o imperador tenha renunciado bruscamente à ideia, até então evidente, de preparar a integração dos povos germânicos no Império. Druso morreu

O Nascimento do Império

em 9 a. C., em consequência de uma queda de cavalo, quando regressava ao Ocidente, e foi Tibério, o irmão mais velho, quem recebeu ordens de lhe suceder e, naturalmente, de prosseguir a sua política. É assim que, a partir de 8 a. C., transfere os Sicambros para a margem esquerda do Reno – como Agripa fizera com os Úbios. A Germânia parecia prestar--se à integração projectada. Um exército romano, comandado por L. Domício Aenobarbo, avô de Nero, atingiu mais uma vez o Elba, provavelmente em 4 a. C., e outro, dez anos mais tarde, comandado por Tibério, durante uma operação combinada das tropas terrestres e da frota, desde a Jutlândia até ao alto vale do Elba, marcou o que parecia dever ser o limite (provisório!) do Império. Augusto declarou que a Germânia formaria, no futuro, uma província, cujo centro político seria a colónia dos Úbios, onde se erguerá uma ara consagrada à divindade de Roma e de Augusto, como, alguns anos antes, o de Lião, em nome das «três Gálias». A continuidade e a coerência da política de Augusto são evidentes.

Mas toda esta montagem, diplomática e militar, seria posta em causa por uma rebelião, provocada por um Querusco*, Armínio, outrora oficial de um exército auxiliar ao serviço de Roma – situação análoga à de Vercingetorix! Como o legado da Germânia, Quintílio Varo, se comportava mais como magistrado civil do que como chefe militar, foi facilmente enganado por Armínio, que lhe armou uma emboscada, quando o legado, à cabeça de três legiões, no fim do Verão, no ano 9 d. C., regressava à Gália, antes da estação fria. A emboscada deu-se na floresta de Teutoburgo (provavelmente situada na região de Detmold). As três legiões foram massacradas. Varo suicidou-se.

Este acontecimento quebrou a energia de Augusto, então com setenta e dois anos, e pôs fim à sua política de expansão na Germânia, a ponto de, segundo consta, ter aconselhado Tibério a renunciar a qualquer conquista, quando detivesse o poder. Trata-se muito provavelmente de uma inexactidão e não podemos acreditar que o imperador tenha realmente desejado a interrupção total e definitiva das conquistas, embora se adeque bem à evidente prudência de que Augusto deu mostras no Oriente. Para eliminar a recordação do desastre sofrido, em 53 a. C. por Crasso, em Carras, frente aos Partos, usou de diplomacia, recuperou, sem dificuldade, em 20 a. C., as águias das legiões vencidas e libertou os prisioneiros ainda em poder do inimigo. Na Arménia, país tradicionalmente vassalo dos Partos, foram impostos reis favoráveis a Roma. Mas foi-lhes deveras penoso manter-se no poder e a influência de Roma no reino permaneceu muito duvidosa. Nesta frente, era evidente que o príncipe abandonara um projecto de César, no qual se encontrava implicado, quando residia na Apolónia, como já recordámos. A sua acção, nesta região do mundo, consistiu essencialmente num ordenamento «administrativo» dos territórios: supressão do reino do Ponto, que foi desmembrado e anexado à província da Bitínia, uma parte, e à da Galácia, outra parte; transformação da Judeia numa província confiada a um procurador. Estes territórios formariam uma barreira de protecção e, eventualmente, mas mais tarde, uma base de partida para a conquista do mundo.

Vê-se que a política oriental de Augusto aplica os mesmos princípios que a sua política na Gália e em Espanha, ou mesmo na Germânia: uma reordenação, imposta pela situação herdada da República, em que não faltavam incoerências e em que Roma parecia impotente para transpor a distância que separa a conquista da assimilação. Entretanto, iria o Império impor-se, ou deter-se e limitar-se a uma romanização parcial do mundo? O problema estava em aberto.

Capítulo III
O SÉCULO DE AUGUSTO

Nem a política externa de Augusto, com os seus sucessos e hesitações, nem a sua «reordenação» da administração interna teriam decerto bastado para assegurar a glória do príncipe, cujo nome ficou ligado ao século em que viveu. Falou-se durante muito tempo, e ainda hoje se fala, do «século de Augusto», porque este tempo foi o de Virgílio, de Horácio, de Tito Lívio e de alguns outros, e porque, assim sendo, é considerado como um daqueles em que o espírito humano atingiu um dos seus pontos máximos.

Um século de poetas

Na verdade, o «século de Augusto» marca o apogeu da literatura latina, e do que se tornaria o seu classicismo. Mas, se não nos limitarmos a aceitar ideias feitas, apercebemo-nos rapidamente de que Augusto e a sua acção pessoal representaram muito pouco. Antes dele, já tudo estava preparado para este florescimento. A poesia começara a renovar-se com Catulo, muito antes do nascimento do futuro imperador. Catulo adaptara aos novos hábitos as formas da lírica grega e mostrara que a língua latina se prestava perfeitamente à expressão do sentimento amoroso. E Catulo nunca foi um «cesarista» fervoroso. Morreu muito antes de surgir o principado. Se Cornélio Galo foi um dos «marechais de Octávio», não o ficou a dever ao domínio do género elegíaco, no qual se ilustrara numa fase em que Octávio partilhava o poder com António, e a sua glória poética não o impediu de ser acusado e condenado, quando foi prefeito do Egipto. O próprio Virgílio tivera como principal protector um lugar--tenente de António, Asínio Polião, que governava a Cisalpina. Só se uniu ao novo senhor depois da paz de Brindes, que cantou como um renascimento do mundo. Horácio, no início da sua carreira poética, foi francamente republicano. Combateu ao lado de Bruto na batalha de Filipos e, durante algum tempo, foi considerado um poeta de oposição, muito crítico em relação à nova sociedade nascida das guerras civis. Foi a amizade com Mecenas que o aproximou do novo poder. Será ainda preciso lembrar que o mais notável poeta da segunda geração, Ovídio, terminou a vida exilado, banido pelo próprio príncipe por razões misteriosas, provavelmente de ordem política?

Os poetas deste século não se encontram, contra o que se disse, ao serviço de Augusto, nem sequer, mais geralmente, da sua ideologia. Nem são poetas cortesãos, com maioria de razão. Propércio, essencialmente preocupado com o seu amor por Cíntia, atribui pouca importância ao que se possa assemelhar a uma inspiração nacional e fá-lo, mesmo assim, por influência de Virgílio e não para agradar ao príncipe. Quanto a Tibulo, um pouco mais velho do que Propércio, teve como protector Valério Messala Corvino, cujo papel mencionámos na pacificação da Gália. Uma tradição de pelo menos dois séculos pretendia que os poetas se ligassem a uma grande personagem, que, de certo modo, se tornava o seu patrono. Foi assim que Énio cantou os feitos de M. Fúlvio Nobilior na Etólia. Messala Corvino, embora colaborasse com Octávio desde o tempo do triunvirato, nem por isso abandonara a independência espiritual; pertencente à mais antiga nobreza, não era sem reservas que aprovava as inovações do novo regime. Nisto era muito diferente de Mecenas, favorável, desde o início, a uma monarquia. Messala e Mecenas ambos «protegiam» os poetas, mas faziam-no com um espírito diferente. Em redor de Messala, encontramos Tibulo, poeta do amor, e a poetisa Sulpícia, que canta a sua paixão pelo formoso Cerinto, um jovem poeta que apenas conhecemos pela alcunha de Lygdamus. Foi neste grupo que Ovídio se estreou. Preocupavam-se pouco com política. Continuavam a tradição de Catulo, a de um lirismo «gratuito».

O círculo de Mecenas

O círculo dos poetas reunidos em torno de Mecenas é dominado pela forte personalidade e pelo génio de Virgílio, que, depois de ter cedido às gentilezas dos «novos poetas», descobre uma nova fonte de inspiração: a herança itálica que traz dentro de si e que lhe dita sucessivamente as *Bucólicas*, as *Geórgicas* e, por fim, a *Eneida*, mito fundador da «nova Roma». Convencido, desde o tempo em que compôs a quinta Écloga, em honra de Dáfnis-César, de que os Julii têm por missão patrocinar esta terra que é a sua, assegurar a sua sobrevivência, prosperidade e glória, não precisa dos conselhos de Mecenas para alinhar com Octávio,

O Século de Augusto

reconhecido, como apontámos, como «chefe», guia de toda a Itália. Na obra de Virgílio, é a Itália que está presente, uma Itália reunida por Roma, e à volta de Roma. A lenda das origens troianas não decorre, por necessidade da causa, dos historiadores gregos. Sabemos hoje que há muitos séculos se encontrava presente, em terras etruscas, como mostraram as estatuetas descobertas em Veios, onde existia um culto de Eneias. Não se pode dizer, como outrora, que a ideia primitiva da *Eneida* foi sugerida a Virgílio por Mecenas, para servir a propaganda de Augusto, assim como o tema das *Geórgicas* não corresponde a uma intenção política, ou mesmo económica, ao desejo de estimular a agricultura italiana. A força que anima o poeta é a sua, e não uma habilidade de um conselheiro em publicidade. Corresponde, sim, ao grande movimento de pensamento a que Octávio-Augusto está, então, a dar corpo, à metamorfose que vai transformar a Itália dominada por Roma num conjunto político integrado no interior de um *imperium* aceite por todos os povos, que tomam progressivamente consciência de pertencer a um mesmo universo espiritual.

Também Horácio, quando começou a escrever, o fez como discípulo dos poetas do século precedente – como Virgílio «imitou» Énio – e escolheu o género itálico por excelência, a *satura,* ilustrada cem anos atrás por Lucílio, da Campânia. Horácio, poeta moralista (nos *Sermones,* isto é, nas sátiras e nas epístolas), utiliza, nas evocações de pessoas e costumes, um realismo semelhante àquele que testemunham os retratos da escultura contemporânea, vindos da tradição italiana. Recusa o ensino dos filósofos, satisfeito com a sabedoria natural, espontânea, dos camponeses antigos. Muito próximo de Mecenas, talvez mais do que alguma vez o foi Virgílio, nem por isso deixa de defender a sua independência em relação ao benfeitor. Não se encontra ao serviço de ninguém. Quando Augusto lhe pediu para se tornar seu secretário particular, recusou. A sua participação na «revolução moral» que se processa à sua volta explica-se por uma adesão voluntária; não é obediência a uma palavra de ordem. Compõe peças líricas nas quais celebra as virtudes tradicionais, reconhecidas, ou mesmo praticadas pelos Romanos e pelos «camponeses» italianos, esses filhos da longínqua Apúlia, da qual se reclama: a pobreza, a coragem, o patriotismo, o sentido da disciplina e, acima de tudo, a *Virtus,* a energia interior que, só ela, é garante de liberdade. Espera que Augusto restaure este velho ideal. Compara o príncipe a Júpiter (o que, como sabemos, não tem nada de estranho nem de exagerado na lógica da teologia do *imperium).* Não menos logicamente, aprova os objectivos de uma política externa capaz de assegurar a extensão do Império até à Bretanha (a fim de realizar a conquista do mundo para poente) e ao Oriente, vingando-se dos Partos.

O Império Romano

Por fim, desafia os Romanos, como Augusto fez desde muito cedo, a restaurar os santuários em ruínas, a reencontrar o espírito da religião tradicional e a reanimar o culto dos deuses que fizeram a grandeza do Império.

São estes os grandes temas desenvolvidos por Horácio nas odes morais. É difícil pensar que o poeta tenha realmente querido dar conselhos ao príncipe ou que Mecenas tenha tido necessidade de ditar ao poeta o conteúdo (desejado) dos poemas. Nem lisonja nem desejo de propaganda, antes uma reacção pessoal de Horácio, uma adesão profunda a este renascimento, ou antes, a este segundo nascimento de Roma que pressentia à sua volta e Virgílio cantava a seu lado.

Com Horácio e Virgílio, a poesia romana atinge o apogeu. Exprime o que há de mais profundo na alma romana e deixa de ser um jogo de espírito. A poesia didáctica, tal como Lucrécio a praticara, passou de moda. Os outros géneros declinam, pelo menos os que brilhavam há mais de dois séculos nos palcos italianos; a comédia e a tragédia perdem vitalidade. Retomam-se peças antigas. Criam-se poucas peças novas e nada mostra melhor o pouco poder do príncipe sobre a vida literária do que a evidente decadência do teatro, neste momento. Augusto gostava de teatro; ele próprio compusera uma tragédia, que considerou muito má. Um dos seus «amigos», Vário, apresentou uma obra, *Tiestes,* que foi muito admirada; hoje, desconhece-se o destino da peça. Augusto, durante o último período da vida, pressionou Horácio a suscitar autores dramáticos, mas em vão. O poeta, na *Arte Poética,* sugeriu aos amigos, os Pisões, que se consagrassem ao teatro; mas, numa epístola dirigida ao próprio Augusto, aponta as dificuldades, quase insuperáveis, de tamanha empresa. O tempo passou, e o príncipe não pôde fazer nada. Resta uma possibilidade: compor peças destinadas à leitura, e não à representação. O que Ovídio faria com a *Medeia,* que é lida em público, mas não é representada. O teatro vivo, o que os espectadores aplaudem, rejeita cada vez mais as formas literárias, é feito de encenações, de danças, acompanhadas por músicas cada vez mais empolgantes. Contristado, Horácio apercebe-se do facto. Di-lo. O mimo substitui a palavra, e Augusto não pode fazer nada.

Se a poesia latina atinge o apogeu no reinado de Augusto, deve-o ao facto de terem nascido alguns poetas de génio, revelando-se os dois maiores capazes de captar as forças espirituais que a rotura com o regime da velha cidade tinha libertado. O advento do principado não é apenas uma revolução política e o alargamento da classe dirigente, assim como a participação no poder de homens vindos de províncias* cada vez mais longínquas, coincide com o aparecimento de novas forças no domínio da cultura e com o desaparecimento de muitas outras ou com a sua transformação. Para esta metamorfose da literatura contribuíram várias causas. Algumas delas, que haviam começado a fazer-se sentir antes das guerras civis, cessam de agir, enquanto outras intervêm, de tal modo que, progressivamente, a paisagem literária transforma-se.

Advento da prosa escrita

Se é verdade que o século de Augusto é, por excelência, o da poesia, a prosa literária surge como a encarnação de um modo de expressão cujo apogeu foi atingido uma geração atrás, com a obra de Cícero, terminando, simbolicamente, com a sua morte. Até este momento, a prosa estava indissoluvelmente ligada à eloquência, e esta às lutas políticas, e isto pelo menos desde o último terço do século II a. C. Era uma arma que se tentava tornar tão eficaz quanto possível. Os discursos são proferidos diante das assembleias populares, dos tribunais ou ainda do Senado. Destinam-se a agir sobre determinado público. São publicados para prolongar a sua acção, mas esta função é secundária.

Com o principado, as assembleias passam a desempenhar um papel reduzido; os tribunais são controlados pelo príncipe; no Senado, as decisões são tomadas por iniciativa deste. A eloquência perde a preeminência. Assim, mais do que aos discursos, recorre-se aos panfletos, às «mensagens» escritas, mais duradouras e susceptíveis de exercer uma acção mais profunda, sobre um público mais vasto. Salústio, Cícero, César, serviram-se de panfletos. Compreende-se, então, que é o género histórico que mais se presta à análise política. Recorrendo à razão crítica e não à paixão, último recurso da eloquência, a história persuade melhor e mais seguramente.

Neste século, o historiador por excelência é Tito Lívio, contemporâneo quase exacto de Augusto, provavelmente nascido um ano antes dele, falecido três anos mais tarde do que o príncipe. Quis descrever toda a vida desta Cidade a que os deuses conferiram tão surpreendente destino. Tal como Virgílio, Tito Lívio não é originário de Roma. Nasceu em Pádua, nessa Venécia à qual tinham acostado, dizia-se, os Troianos expulsos da Frígia, vindos de Itália ainda antes de Eneias e dos amigos. Em relação a Roma, encontra-se numa situação semelhante à do Cisalpino Virgílio, testemunha, como ele, da transformação profunda que o mundo então experimenta e que só pode compreender-se pelo conhecimento do mais antigo passado romano; mas enquanto Virgílio o procura no mito e na intuição poética, Tito Lívio esforça-se por descobrir a verdade e dirige-se à razão, não hesitando em qualificar de lendárias as tradições relativas às origens da cidade romana. O seu relato expõe factos e, ao mesmo tempo, comenta-os e completa-os pela análise do pensamento dos actores, o que faz da sua *História* uma epopeia de múltiplos episódios e uma sucessão de dramas. Este duplo carácter marcará, por muitos séculos, o género histórico.

Tito Lívio toma partido? Diz a tradição que se mostrou mais favorável a Pompeu do que a César e que Augusto lho fez notar. O que, de resto, em nada comprometeu a amizade que o unia ao príncipe. É evidente que Augusto aceita o passado romano na sua integralidade, que quer esquecer as lutas recentes e as querelas de partidos. A Roma que ele construiu não é a dos «populares» nem a dos «oligarcas». Para ele, os homens contam menos do que a continuidade do Destino; assim, não se mostra intolerante para com os historiadores, pelo menos dentro de certos limites. Séneca, cujo pai compôs, no tempo de Augusto, uma *História de Roma,* dirá: «Com o deus Augusto o que se podia escrever ainda não era fonte de perigo, mas já de embaraços» (*Dos Benefícios,* III, 27). Com Tibério, o poder mostrar-se-á mais severo.

Difusão da cultura

Este poder da escrita, rapidamente reconhecido, gerou o desenvolvimento de uma vida cultural simultaneamente mais intensa e mais generalizada do que na época precedente. Outrora, as obras literárias de qualquer natureza só eram acessíveis a quem pudesse adquirir uma cópia; os livros circulavam entre amigos. César foi o primeiro a empreender a criação de uma biblioteca pública em Roma. Pediu a Varrão, erudito universal, que assegurasse a sua fundação. Talvez o ditador quisesse, também neste ponto, igualar-se a Alexandre e aos reis de Pérgamo, também eles criadores de bibliotecas. Mas faltou-lhe tempo, e o empreendimento foi interrompido. O projecto foi finalmente levado a bom termo pelo protector de Virgílio, Asínio Polião, que, em 35 a. C., inaugurou uma biblioteca, de certo modo dupla, uma biblioteca latina e uma biblioteca grega, que mandara construir no Aventino, graças ao espólio trazido da campanha da Dalmácia, em 39. Plínio o Velho escreverá dele que, ao dedicar esta biblioteca, colocara «o génio dos homens à disposição de todos» (*História Natural,* XXXV, 10).

O mesmo Polião passa por ter sido o primeiro a ler as suas obras perante um público de convidados. A moda espalhou-se e as *recitationes* permaneceram por muito tempo uma das actividades «mundanas» mais apreciadas na Roma imperial. E, como vimos, o próprio teatro literário, abandonando o palco, tornou-se matéria de *recitatio.*

As bibliotecas também não tardaram a multiplicar-se. Augusto mandou construir duas (uma grega, outra latina) entre os anexos do templo que erigiu ao protector Apolo, no Palatino, perto da sua própria residência,

O Século de Augusto

e a irmã, Octávia, instalou outra no seu célebre Pórtico, junto do Capitólio. Doravante, as bibliotecas fazem parte dos monumentos que constituem uma cidade romana, tanto no Ocidente como no Oriente. Existe uma, por exemplo, em África, na longínqua Timgad, fundada no tempo em que Trajano criava outra – a Biblioteca Úlpia, no seu fórum – não muito distante da célebre Coluna.

Assim, retomando a fórmula de Plínio, tudo o que o génio dos homens produzira encontrava-se, graças ao Império Romano, à disposição de todos. O que está conforme ao espírito deste *imperium,* portador de *humanitas*.*

Os retóricos

Neste Império, desenvolvia-se e ao mesmo tempo generalizava-se um ensino que qualificaremos de literário e que, então, constituía toda a formação dos espíritos. Este ensino, herdado do século anterior, orientava-se para a aquisição da eloquência. Viera de Roma, no fim do século II a. C., pelos retóricos gregos, que haviam fundado escolas um pouco por todo o Oriente. A partir desse modelo, retóricos «romanos» haviam tentado adaptar os seus preceitos à língua latina, mas os senadores não tardaram a impedir o seu ensino; consideravam que as subtilezas da retórica estavam demasiado próximas da sofística para que os jovens Romanos pudessem iniciar-se sem perder a alma! Depois, os tempos tinham mudado e, no fim da República, existiam em Roma retóricos latinos, cuja actividade não cessou de aumentar com o principado. Já Cícero, nos últimos anos, quando a eloquência política deixara de existir, e de poder existir, praticara «declamações», na solidão das casas, e dera lições a amigos, como Hirtius e Pansa, os futuros cônsules de 43... Estes exercícios eram os que os mestres de retórica transmitiam aos alunos, para lhes ensinar, em primeiro lugar, a pensar, a descobrir ideias, a construir raciocínios correctos, e depois a expor tudo isto numa ordem mais clara e eficaz, e numa linguagem mais pura.

O livro de Séneca Pai, intitulado *Suasoriae et controversiae (Discurso para Persuadir e Discurso para Defender uma Causa),* revela-nos os nomes dos principais mestres de retórica do principado de Augusto e os seus métodos de ensino. Nada que decorra da política activa. Tudo se passa num mundo não actual, ora num passado histórico, sem dúvida, mas longínquo, ora numa pura ficção. Aníbal é exortado a avançar sem mais demoras sobre Roma ou imaginam-se as aventuras de uma jovem raptada por piratas, e o que se seguiu. Toda esta preparação se destina a conduzir à prática real, a formar advogados aptos a defender qualquer causa perante um tribunal real, mas é sabido que tal momento pode nunca chegar e, progressivamente, o exercício torna-se um fim em si e, como a eloquência já não desempenha o papel de outrora, esta retórica será a da escrita. Muitos contemporâneos deploram-no: Séneca Pai, em primeiro lugar, mas também o pseudo-Longino, no tratado *Do Sublime,* e, na geração seguinte, Petrónio, que acusa os declamadores de mergulhar os alunos num mundo irreal.

Este ensino, também denunciado no *Diálogo dos Oradores,* no início do reinado de Trajano, por Tácito, que lamenta a «decadência» da arte oratória e realça bem as suas causas, marca na realidade uma mutação profunda da vida literária, paralela à que, na vida política, conduzira ao advento do regime imperial. A antiga eloquência nascera na cidade, fechada sobre si mesma, onde os cidadãos se encontravam ao alcance da voz. A retórica, a despeito do nome, derivado do dos oradores, é uma arte de escrever, e também de pensar. Leva a expressão a ascender a uma universalidade à qual, até então, não podia aspirar. Neste caso, aproxima-se da poesia, da qual partilha a ambição de eternidade.

Os filósofos

Cícero, nos últimos anos de vida, decidira redigir um corpo filosófico. No prefácio do tratado *Sobre os Termos Extremos dos Bens e dos Males (De finibus bonorum et malorum),* confessa que a obra chocará a opinião pública, pouco favorável a estes estudos, e que trabalhos de tal natureza deviam ser desenvolvidos em grego (*De fin.,* I, 1). É verdade que, durante o século de Augusto, é o grego a língua filosófica. Assim, Sextius o Pai, contemporâneo de César, fundador de uma seita inspirada no estoicismo, mas também no pitagorismo, e exigindo à filosofia máximas práticas para a conduta da vida, ensina em grego. Os filósofos que rodeiam Augusto, e são verdadeiros directores de consciência para ele e para os seus familiares – a irmã Octávia, em particular –, são gregos. A língua é, então, inseparável do conteúdo do pensamento. Os Romanos desta época praticam as duas línguas, desde a infância, o que explica que a tentativa de Cícero no sentido de mostrar que o latim se presta, tanto como o grego, à reflexão filosófica, tenha encontrado tão pouco eco durante tanto tempo. Através dos dois primeiros séculos do Império passa uma corrente irresistível, contínua, que conduz aos *Pensamentos* de Marco Aurélio. Esta persistência do grego como linguagem da vida moral contribui para unir entre si as duas metades do *imperium,* como mostrará o que se convencionou chamar a «renovação do helenismo», com a segunda sofística. Virgílio decidiu considerar uma verdade histórica a lenda de Evandro, que veio da Arcádia e se instalou em Roma, no Palatino – a colina de Augusto. O historiador grego Dionísio de

O Século de Augusto

Halicarnasso apresenta argumentos a favor de uma origem grega da Cidade. Entre o mundo helénico e o mundo latino, nenhuma oposição profunda. Prevalece a ideia da harmonia cultural. Se, dois séculos atrás, os Romanos receavam as modas vindas do Oriente, este tema deixa de ter cabimento. Assim como as obras gregas coabitam, nas bibliotecas, com as de língua latina, Homero e Virgílio, Demóstenes e Cícero são igualmente encarados como os Pais da *humanitas*.

O século de Augusto não foi apenas aquele em que a vida literária se revelou particularmente brilhante, a vida artística foi também muito activa, não só em Roma como em Itália. A escultura, a pintura, a arquitectura oferecem-nos muitos testemunhos. Não só tradições já antigas que prosseguem, como inovações que surgem e contribuem para conferir à arte romana a sua fisionomia original.

As artes figuradas

Existia, na Itália central, uma arte da escultura, própria das cidades etruscas e que estava presente em Roma desde o século V ou talvez VI a.C. A tradição não foi interrompida e subsistiu sob a forma de estátuas funerárias, representando o defunto e a família num estilo realista. Esta arte exprime uma crença, muito antiga, e que perdurará muito para além da Antiguidade: os mortos não desaparecem totalmente, prosseguem no túmulo uma vida secreta, conservam a personalidade. Continuam a amar, a querer; tornam-se protectores da «casa», e são-lhes oferecidos sacrifícios, por ocasião de certas festas. Assim, era natural que, a partir de Augusto, se multiplicassem as estátuas do príncipe, expressão material do carisma que se lhe reconhecia. Neste ponto, a tradição do retrato romano reencontrava o culto dos soberanos que se desenvolvera nos reinos helenísticos e conduzira à multiplicação das efígies reais. Já aludimos à estátua de Augusto proveniente de Prima Porta, ao norte de Roma. Representa o príncipe como *imperator*, com o busto coberto por uma couraça, de braço erguido. O gesto é o de um chefe que discursa às tropas, como se as exortasse ao combate. Os motivos que figuram na couraça evocam as divindades do céu e da terra e a imensidade do mundo, sobre o qual se estende o *imperium romanum*. Esta imagem ilustra bem o que lemos no início das *Res Gestae**, a ambição manifestada pelo príncipe de submeter à lei romana tudo o que o Sol ilumina.

A imagem do príncipe não é a única representada pelos artistas, naquele tempo. Também possuímos retratos das personagens que evoluem à sua volta: a filha Júlia, a irmã Octávia, o genro e conselheiro Agripa. Em particular, há um monumento que os mostra reunidos, durante uma cerimónia oficial. O friso do altar da Paz Augusta (*Ara Pacis*

Augustae) grava na pedra a dedicatória deste santuário, destinado a celebrar, mas também a tornar duradoura, a paz universal obtida por Augusto. Nele se vêem todos os membros da «casa» de Augusto. O escultor quis apreender um momento determinado do tempo, na sua realidade material, e foi por isso que representou os participantes tal como haviam sido vistos nesse dia. De tal modo que o próprio acto da dedicatória se torna perene, através da eficácia. A implicação ideológica é semelhante à que está latente na escultura funerária; decorre do mesmo «realismo místico» que julgámos entrever.

As escavações realizadas permitiram-nos conhecer com relativa precisão o que foi a pintura durante o período em que se formou o principado e verificar que transformou a decoração das casas. Até então, e pelo menos desde o fim do século II a. C., predominava o estilo dito «arquitectural», inspirado na arte decorativa helenística. A parede é tratada como uma separação totalmente fechada. Depois, a partir do tempo de Sila, talvez um pouco mais cedo (as referências cronológicas variam muito), surge o que os modernos chamam «segundo estilo». A parede já não é tratada pelos decoradores como uma superfície que constitui um obstáculo ao olhar. Entre colunas figuradas em relevo, surgem ilusões de janelas, através das quais se vislumbram representações de paisagens. Em geral, trata-se de santuários rústicos ou de túmulos, como se viam no campo: por exemplo, uma coluna que se ergue numa elevação e, a seus pés, uma personagem, por vezes um pastor, ou uma divindade campestre, ou uma mulher oferecendo um sacrifício ao defunto ou a qualquer ninfa local. O que recorda as paisagens evocadas nos epigramas da *Antologia Grega,* mas, ao mesmo tempo, reproduz as cenas das *Bucólicas.*

Pela mesma época, tanto quanto podemos saber, surge outro tema, mais original e, muito provavelmente, de origem italiana, campaniana, ou mesmo propriamente romana, representações de jardins dando a ilusão de que nos encontramos num jardim verdadeiro, de que temos à nossa frente uma sebe de loureiros, por exemplo, na qual pousam pássaros. As pinturas mais célebres deste estilo encontram-se em Roma, no Esquilino, no chamado Auditório de Mecenas, e na casa de Lívia, em Prima Porta. Surgem também em Pompeia e na pintura campaniana.

Assim se justapõem, num período que corresponde, aproximadamente, ao que assistiu ao nascimento do principado, dois estilos decorativos, duas formas distintas de sensibilidade perante a natureza, uma que a capta através da mediação do sagrado, simbolizado pelas divindades que encarnam tradicionalmente os seus diversos aspectos, outra que a aprende na realidade, a do jardim. A primeira recorre às lendas gregas, como fazem os poetas contemporâneos, a outra refere-se ao gosto, cada vez mais propagado, que leva os Romanos a criar parques de lazer, a ir ao encontro da «natureza» e a inventar uma arte dos jardins.

A vida quotidiana

Esta evolução da pintura decorativa, que pode parecer pouco relacionada com a história do Império, nem assim deixa de ser rica em ensinamentos, pois acompanha a mudança produzida nos espíritos durante o século I a. C. O quadro ideal de vida, tal como se queria e sonhava, já não é o mesmo de outrora. Já não são o Fórum ou o teatro, ou a arena ou o pórtico público, ou qualquer outro local de encontro que devem acolher a existência quotidiana, mas, cada vez mais, pelo menos no caso dos ricos, a residência privada, em redor da qual tudo se organiza. Até então, esta casa privada era, em geral, muito exígua, compunha-se de uma ou duas divisões, inseridas numa espécie de tabuleiro de xadrez em que cada quadrado representava uma casa; o conjunto, rodeado por quatro ruas, chamava-se *vicus*. Era propriedade de um Romano rico, que alugava cada casa a uma família. Aglomeração de pessoas, promiscuidade, fumo proveniente de fogareiros e ausência de qualquer sistema de evacuação de águas sujas (que, em geral, eram despejadas na rua e escoavam por um rego escavado segundo o eixo da via pública) não tornavam a vida agradável. Assim, no fim do século II a. C., quando aumentou a riqueza dos particulares, os bairros superlotados foram abandonados aos mais pobres e, nos bairros novos, como o Esquilino, desenvolveu-se um novo tipo de habitação: a preferida é a casa com átrio, por vezes dotada de um peristilo, a que conhecemos através de Pompeia. Este tipo de casa vinha da Itália camponesa e, ao mesmo tempo, retomava certas características da casa helenística. No seu interior, alojavam-se amos e servos, reuniam-se todas as manhãs os clientes que vinham saudar o patrão.

Mas no tempo de Augusto esta evolução estava longe de se encontrar concluída, e nunca o viria a estar totalmente. Surgiria uma via intermédia, com o aparecimento das *insulae*, prédios de vários andares, que, afinal, são *vici* nos quais cada célula foi dotada de superstruturas. Será assim a Roma dos Antoninos, é assim, ainda hoje, a Óstia imperial, revelada pelas escavações. No início do Império existe apenas um desejo, muito generalizado, de alterar a vida quotidiana. Propaga-se a moda das casas ditas «suburbanas». Mesmo pessoas modestas tentam adquirir o que, mais tarde, se chamará uma «vinha», uma parcela de terra, longe da cidade (onde o terreno é mais barato). Vêm ali passar os dias e as horas de lazer. Ali, é mais fácil proteger a vida pessoal do que no aglomerado de Roma. Aos poucos, o Romano, outrora essencialmente cidadão e gregário, transforma-se num ser mais autónomo, num ser de liberdade, amante de poesia, de filosofia e de prazeres não necessariamente vulgares. Horácio observava: «Todos nós escrevemos, cultos ou incultos...» Existe, então, uma imensa atracção pelas coisas do espírito, e este é um dos traços mais notáveis do Império. Afirma-se por toda a parte, em todos os domínios, tanto pela difusão que o livro experimenta como pelas imagens que ornam as paredes das casas particulares.

Um novo urbanismo

Mas se a cultura e o lazer se generalizavam, a própria Cidade, se bem que fosse a capital de um imenso império ao qual afluíam as riquezas do mundo, estava longe de ser «moderna» e não podia rivalizar com as criações dos reis helenísticos, que haviam multiplicado à sua volta edifícios de prestígio, como ginásios, templos, pórticos públicos, etc.

Em Roma, os generais vencedores tinham o hábito de consagrar os despojos do inimigo ao embelezamento da Cidade, mas sempre em locais circunscritos. Não existia nenhuma política de urbanismo coerente. Outros trabalhos eram confiados aos censores, cujas funções se prolongavam por mais tempo do que as dos cônsules* e dos pretores*; mas tratava-se geralmente de empreendimentos de interesse geral, estradas ou aquedutos, por exemplo, em vez de um urbanismo propriamente dito. Sila, durante a ditadura, mandara empedrar o Fórum e, depois, a reconstrução do conjunto dos edifícios do Capitólio, uma necessidade depois do incêndio que os havia devastado, permitira a instalação, entre os dois cumes da colina, de um edifício monumental, o *Tabularium**, destinado a conservar os arquivos do Estado, e que contribuiu para criar, o que nunca havia sido feito, o esboço de um plano regulador sobre o qual se alinhariam os edifícios do Fórum romano, depois de substituídos os condenados pelo seu estado vetusto, e de edificados outros mais recentes. Mas, durante um quarto de século, nada mudou.

O Campo de Marte

Pompeu, regressado do Oriente, uma quinzena de anos depois da construção do *Tabularium*, não considerou útil introduzir modificações no velho Fórum. Escolheu o sul do Campo de Marte para erigir um teatro, o primeiro, em Roma, que não foi um edifício temporário, de madeira, como mandava a lei. De facto, os senadores proibiam que se construíssem teatros permanentes, provavelmente porque o exemplo das cidades gregas mostrara que os espectadores reunidos no teatro não se limitavam a admirar o espectáculo, formando uma assembleia que não tardou a ser agitada por preocupações políticas, usurpando assim a função que legalmente pertencia aos *contiones* controlados por um magistrado possuidor do *ius agendi cum populo,* o direito de dialogar com os cidadãos. Para conferir ao teatro uma aparência de legalidade, Pompeu construiu, no topo da *cavea* (as bancadas), uma capela à Vénus Vitoriosa, à qual foram associados *Honos* e *Virtus,* a Glória e o Valor. Símbolo evidente das qualidades eminentes do autor da dedicatória. Assim, as bancadas podiam ser comparadas a uma escadaria conducente ao templo da deusa, e o conjunto a um santuário.

Implantado num bairro da Cidade onde, teoricamente, os particulares não estavam autorizados a construir, era um exemplo da magnificência que um *imperator* bem sucedido podia desenvolver, ao serviço do povo romano. Exemplo isolado, que em nada contribuía para resolver, no conjunto, o problema do urbanismo romano e perpetuava a tradicional anarquia. César, pelo contrário, tomou plenamente consciência do problema. Não só viu que a Cidade carecia de espaço para o habitat, como julgou insuficientes e mal adaptados à sua função os locais consagrados à vida pública. Em particular, o Campo de Marte era cada vez mais invadido por construções privadas. Para o engrandecer, César começou por pensar em desviar o curso do Tibre, escavando-lhe um novo leito, mais a oeste, ao longo das colinas vaticanas. Mas os senadores declararam, através das autoridades religiosas, que tal projecto fora rejeitado pelos deuses. César teve de se submeter. Contentando-se com o Campo de Marte tradicional, aumentou, tanto quanto pôde, as *Saepta** (os recintos de voto), locais onde se realizavam as eleições e onde se reuniam os comícios para votar as leis. Quando César morreu, ainda não estava terminada a obra. Foi levada a bom termo por Agripa.

O Fórum romano

César tivera a intenção de organizar o velho Fórum segundo a linha directora criada pelo *Tabularium,* isto é, construir um quadrilátero tão regular quanto possível, compreendendo todo o espaço que se estendia entre o Capitólio, o Palatino, a Vélia e o sopé das colinas. Para tal, projectou construir, a sudoeste da praça, uma basílica que seria uma réplica da basílica Emiliana, que fechava o Fórum a nordeste. Seriam os dois maiores lados do rectângulo projectado. César não viu os trabalhos terminados. Augusto prosseguiu-os e levou-os a bom porto. Esta nova basílica chamou-se *basilica julia.*

Outro monumento do velho Fórum, a antiga cúria*, onde geralmente se reuniam as sessões do Senado, foi substituído por César. A localização não foi alterada. Nem o podia ser, devido ao seu significado político. Na verdade, esta cúria situava-se na orla do *comitium*, que, até ao século II a. C., fora o centro religioso e cívico da cidade e ainda continuava a sê--lo, pelo menos simbolicamente. O *comitium*, em teoria, pertencia ao povo e a cúria não podia separar-se dele. Tinha de haver uma comunicação constante entre o *populus* e o *senatus*. Assim o entendia uma tradição várias vezes secular, materializando no solo da Cidade a fórmula «*Senatus populusque Romanus*», que definia a cidade pelas componentes. Era ali o coração do Estado romano, e era impossível alterar alguma coisa. Assim, a cúria permaneceu no local onde, seis ou sete séculos atrás, o rei Túlio Hostílio a implantara. Os trabalhos da nova cúria mal tinham começado, quando César foi assassinado. Foram terminados por Augusto, que dedicou o edifício depois do seu triunfo de 29.

O Fórum de César

Por fim, e desta vez o projecto foi concluído em vida do ditador, este empreendeu, durante o proconsulado das Gálias, erguer à sua protectora, Vénus Genetriz, a «mãe» mística da *gens* Julia*, um templo monumental, no centro de um recinto sagrado, concebido à maneira de uma ágora helenística, rodeado de pórticos onde podiam instalar-se mercadores, e sobretudo cambistas (*argentarii*), amontoados ao longo do velho Argileto, por detrás da basílica Emiliana. O espaço assim criado em redor do templo de Vénus adquiriu o nome de Fórum de César. Foi o primeiro dos *fora* imperiais cuja justaposição, de reinado em reinado, iria conferir ao centro da Roma imperial o seu aspecto definitivo.

Urbanismo e ideologia

Vemos que César seguiu uma política específica, da qual foi o iniciador, quando empreendeu a criação de um urbanismo novo. As *Saepta** correspondiam à componente democrática da cidade. A cúria, renovada, embelezada, tornava evidente a importância do Senado, que era a sua componente aristocrática. Quanto a César, não quis para si uma residência que tornasse demasiado evidente a sua realeza, e não se instalou logo de início na *Domus Publica*, um anexo da Casa das Vestais*, no Fórum, que era a residência tradicional dos Sumos Pontífices e que se dizia ter sido outrora a residência dos reis, antes da revolução de 509. A articulação dos poderes estava inscrita no solo sagrado da Cidade.

Augusto conservou este esquema simbólico, modificando-o, porém, num ponto. Durante a vida de Lépido, que era, oficialmente, Sumo

O Século de Augusto

Pontífice*, continuou a viver no Palatino, na antiga casa do orador Hortênsio, rival de Cícero; depois da morte do antigo triúnviro, no ano 12 a. C., apressou-se a criar, no Palatino, e em anexo à sua própria casa, uma nova *Domus Publica,* onde residiria, assim como uma capela da Vesta, que foi dedicada no dia 28 de Abril do mesmo ano e que restabelecia o laço secular entre a deusa e o seu sacerdote por excelência. Assim, a protectora de Roma, do seu «lar», continuava a exercer a guarda tutelar sobre a Cidade, a partir do Palatino, onde residiria doravante o detentor do sagrado.

Vê-se que o urbanismo de César, retomado, segundo os mesmos princípios, por Augusto, assenta numa concepção mais ideológica do que material. A Cidade não é apenas, nem em primeiro lugar, um conjunto de casas e edifícios construídos e reunidos, um pouco ao acaso, ao longo dos séculos, é um ser espiritual. O templo de Júpiter, no Capitólio, é o seu centro místico. Acontece o mesmo com o templo de Vesta, que garante a segurança e a abundância e inspira a acção do «rei», de que as consciências conservam uma ideia, de forma mais ou menos confusa. O urbanismo não dizia respeito apenas aos arquitectos. Também não dependia, como se costuma afirmar, unicamente das modas. Os precedentes helenísticos tinham um papel a desempenhar, sem dúvida; mas os modelos que ofereciam não podiam deixar de ser modificados, adaptados ao sistema ideológico desta entidade, simultaneamente material e espiritual, que é a cidade romana. Nasceu, assim, um tipo urbano que se espalhou um pouco por todo o Império, pelo menos nas regiões em que não preexistia um urbanismo grego. As cidades provinciais romanas dotavam-se de edifícios e de espaços característicos da metrópole. Por todo o lado se erguia um Capitólio, sede da religião oficial, e símbolo da unidade do Império. Construía-se também uma cúria, destinada às reuniões dos decuriões (um Senado local). Havia também uma praça em redor da qual se erguiam os edifícios públicos. Desempenhava o papel de Fórum, orlada, como este, de uma ou várias basílicas que serviam de Bolsa para as transacções comerciais, de local de encontro, por vezes de tribunal, pelo menos para casos de direito civil.

A obra de Agripa

Foi este o urbanismo imperial. César esteve na sua origem. Augusto prosseguiu a sua realização, ajudado nesta tarefa pelo companheiro de armas Vipsânio Agripa, que se tornou seu genro no fim do ano 21 a. C., mas que era há muito seu colaborador nesta renovação da Cidade, nesta reordenação, paralela à que fora empreendida para o conjunto da vida pública.

O Império Romano

A obra de Agripa foi gigantesca. Iniciou-a em 33 a. C., durante a sua edilidade, que exerceu, ao contrário do que era costume, depois do consulado. Em primeiro lugar, decidiu reconstruir e alargar a rede de aquedutos que já não bastavam para alimentar em água uma aglomeração sobrepovoada, nem para garantir a segurança e a higiene. Seguiu-se o problema dos esgotos, entupidos ou destruídos. Agripa empenhou-se em o resolver, chegando a percorrer, de barco, a *Cloaca Maxima*, o colector, um rio que drenava o vale do Fórum. Estes trabalhos gigantescos provocaram a admiração do historiador Dionísio de Halicarnasso, que, por volta do ano 7 a. C., considera que as mais prestigiosas realizações materiais de Roma eram os aquedutos, as estradas empedradas e os esgotos (III, 67), e acrescenta que a sua admiração vai não só para a utilidade destas obras como, ainda mais, para o preço que custaram. Observação reveladora e que mostra bem o contributo de Roma para a vida colectiva. As cidades helenísticas tinham, de facto, as maiores dificuldades em estabelecer orçamentos para obras de vulto, mais por má gestão dos recursos do que por falta deles. Roma, pelo contrário, possui uma administração financeira submetida a controlos exactos. O rigor orçamental é um dos benefícios do Império, pelo menos no início.

Restaurar os cultos antigos

Uma vez alcançada a vitória e sem esperarem pela reorganização das finanças, Augusto e Agripa prosseguiram a política de César, entregando-se, desta vez, sobretudo aos edifícios sagrados, aos santuários que a antiguidade tornava tão veneráveis quanto frágeis. Muitos não passavam de ruínas. Assim, o templo de Júpiter Ferentino, no Capitólio, não tinha tecto. Foi Ático, o amigo de Cícero, quem advertiu o príncipe. Ático era epicurista*. Assim, não acreditava na intervenção das divindades nos assuntos dos homens, embora não deixasse de pensar que o respeito pelo sagrado era essencial em toda a comunidade humana. O sentimento que o animava tornou-se inteligível, para nós, através dos versos de Horácio, que nos ensinam que a negligência do sagrado é sinal de uma perversão da moral, que anuncia o declínio das cidades, a perda progressiva da sua alma. O que os deuses dão aos homens não é uma sucessão de milagres, mas uma inspiração contínua que os eleva até ao eterno. Augusto compreendeu. A restauração dos antigos santuários era um imperativo moral, essencial para a sua própria política que tendia a reformar os costumes, a restabelecer os valores de antigamente. Assim, é muito longa a lista dos santuários que mandou construir ou restaurar. Roma está coberta de templos, de capelas, de santuários de toda a espécie. Cada um deles evoca os tempos antigos, quando as virtudes dos cidadãos faziam a grandeza do Estado.

O Século de Augusto

À margem desta religião oficial, outros cultos, vindos do Oriente, se haviam instalado na Cidade; eram ainda em muito pequeno número e enfrentavam vivas resistências oficiais. Era o caso da deusa Ísis*, que conseguira instalar-se no Capitólio, mas foi expulsa. A Grande Mãe (Cibeles), instalada no Palatino desde as Guerras Púnicas, mas com o consentimento dos Pais, encontrava-se demasiado adaptada, romanizada, para que estivesse em causa expulsá-la do templo e proibir as cerimónias a que presidia, embora os seus ritos fossem simplificados, humanizados. Outras religiões orientais haviam-se instalado aqui e ali, na Itália, e sobretudo na Campânia, esta terra aberta a todos os viajantes vindos dos países helenizados. E eram toleradas. Ísis podia ser venerada em Pompeia, como era em Delos ou em outros locais, segundo os seus ritos tradicionais. Os pompeianos eram livres de a aceitar, pois não se tratava de Roma, do solo da Cidade, que, esse, devia permanecer puro, ao abrigo das *superstitiones,* isto é, das crenças e das práticas não garantidas pela religião dos antepassados, nem pelos livros sagrados da Sibila, nem pelos dos áugures, nem pela autoridade do *Pontifex Maximus**, isto é, do próprio príncipe. Que aconteceria se estas *superstitiones* abrissem caminho até às margens do Tibre e invadissem as colinas sagradas?

A obra de Agripa incluiu ainda o que era uma inovação em Roma, mas que já existia nas cidades campanianas: as termas, versão italiana do ginásio grego. A construção de um ginásio era um acto real por excelência nas cidades helenísticas. Ao decidir implantar as suas termas no Campo de Marte, Agripa pôde invocar a necessidade de dotar de uma palestra os jovens Romanos que, no Campo de Marte, se treinavam no exercício das armas. Estava salva a tradição, pelo menos aparentemente; mas a experiência cedo mostraria que as termas foram frequentadas, na realidade, por um público muito diferente e que introduziram um género de vida até então recusado aos Romanos: o prazer de se reunirem à noite, e de se entregarem a banhos prolongados em estabelecimentos públicos. As termas, como então se disse, eram as residências do povo. Instalava-se e generalizava-se uma civilização do lazer.

Do mesmo modo, e pelas mesmas razões, os teatros, interditos durante muito tempo, começam a multiplicar-se. César projectara construir um, capaz de rivalizar com o de Pompeu, e previra a sua implantação junto do Capitólio. Mais uma vez, foi Augusto quem realizou o projecto, e dedicou o edifício à memória do jovem Marcelo, seu sobrinho e genro, de quem esperava fazer seu sucessor, mas que morreu aos dezoito anos, em 23 a. C. O teatro foi dedicado em 17, sem dúvida, e serviu para celebrar os Jogos* seculares, símbolos da renovação universal, prometida e já quase realizada por Augusto. O urbanismo augustano não se desenvolve ao acaso.

O Império Romano

Os meios de uma política

Todos estes trabalhos custavam muito caro. Augusto e Agripa dispunham, para os financiar, dos lucros obtidos nas guerras civis, e do produto das confiscações. Os bens dos adversários forneciam quantias consideráveis, que foram, assim, utilizadas em benefício do interesse público. Mas nem tudo foi redistribuído. O príncipe guardou uma parte, que constituiu o *fiscus* – os seus bens pessoais, imensa fortuna que lhe permitia, quando necessário, dar mostras de uma generosidade considerável, em particular para acudir a senadores arruinados. Esta fortuna consistia principalmente em propriedades provinciais, administradas por procuradores capazes de as valorizar.

Augusto, por outro lado, instituiu novos impostos, cujo produto ia, em parte, para o tesouro administrado pelo Senado e, noutra parte, para uma caixa especial, o *aerarium militare,* que velava pelas despesas de carácter militar, como veremos mais adiante (cf. p. 118).

Capítulo IV
AS DINASTIAS DO ALTO IMPÉRIO

Augusto viveu setenta e sete anos. Exerceu o poder durante quarenta e um anos e, neste longo período, transformou profundamente a velha República nas suas estruturas políticas e sociais, tornou mais eficaz e mais justa a administração do Império, prosseguiu (apesar do desagradável episódio das legiões* de Varo) a sua extensão, assegurou a unidade moral e cultural dos povos e das nações associadas a Roma, desde as costas do Oceano Ocidental até às do Oceano Oriental. A obra iria prosseguir? O exemplo de Alexandre poderia levar a recear que não.

A sucessão do príncipe

Mas Augusto não era um conquistador. Terminava uma longa evolução, cuja herança colhera e, se alcançara o poder, não fora pela violência da guerra. Trazia dentro de si uma força transcendente, que o pai adoptivo, César, fora o primeiro a querer captar: o misterioso destino dos Julii, que uma tradição persistente através dos séculos fazia remontar até à deusa Vénus. É verdade que César fora assassinado; mas tornara-se deus. O carisma da raça fora transmitido ao filho, o que lhe conferia uma indiscutível legitimidade. Por sua vez, o sucessor de Augusto só poderia ser um membro desta mesma *gens* Julia. O que não significava que tivesse de ser filho de sangue do imperador; podia ser adoptado, ou um familiar, sobrinho, por exemplo, ou genro. Na mais antiga tradição de Roma, encontravam-se muitos exemplos de transmissão do poder pelas mulheres. Eneias casara com Lavínia, filha do rei Latino, e, por este casamento, passara a ser rei dos Aborígenes. Mais tarde, quando foi preciso designar um sucessor para o rei Tulo Hostílio, o povo elegeu Anco Márcio, neto, por parte da mãe, do rei Numa. Mais tarde ainda, o rei Sérvio fora levado ao poder pelas mulheres. O próprio Augusto era parente de César pelo lado da mãe, Átia, que era sua sobrinha. Não tinha filhos, apenas uma filha, Júlia, nascida de Escribónia. O homem com quem esta casasse poderia perfeitamente ascender ao poder, em virtude dos precedentes apontados. Por outro lado, Octávia, irmã de Augusto, poderia desempenhar na sucessão o papel que coubera a Átia. Octávia, outrora atribuída a António como sua mulher, pelos acordos de Brindes, concluídos em 40, para restabelecer a concórdia entre os triúnviros, tivera, do seu primeiro casamento com C. Cláudio Marcelo, além de duas filhas, um filho, M. Cláudio Marcelo, sobrinho, portanto, do príncipe. Este Marcelo, descrito como um jovem brilhante e autoritário, figurara, no triunfo de 29, à direita do futuro Augusto.

Existiam, pois, nesse momento, duas maneiras de prever a sucessão: atribuí-la, ou prometê-la, ao futuro marido de Júlia, ou ao jovem Marcelo. A solução evidente consistia em casar Marcelo com Júlia, o que evitaria discussões e conflitos. O casamento realizou-se no ano 25 a. C. Dois anos mais tarde, no mês de Setembro de 23, e quando Augusto, doente, já pensava na própria morte, Marcelo faleceu bruscamente. Esta contrariedade levou Augusto a alterar os projectos. Decidiu que Júlia casaria com Agripa. O que aconteceu, provavelmente em 22. Se este morresse, a continuidade do poder seria assegurada pelo genro, com o assentimento do Senado – que Augusto não punha em dúvida.

Entrada em cena de Tibério

O casamento de Júlia e Agripa foi fecundo. No ano 20 nasceu um filho, a quem chamaram C. César; em 17, nasceu outro, Lúcio. A sucessão estava, pois, assegurada em linha directa. Os dois irmãos foram rapidamente apresentados como destinados às mais elevadas funções. Mas Lúcio morreu no ano 2 d. C. e Caio no ano 4. Voltou a surgir o problema da sucessão. Agripa falecera em 12 a. C. Um ano mais tarde, Augusto dera a Júlia um novo marido, Tibério, o filho primogénito de Lívia. Tibério tinha, então, trinta e dois anos. Revelara-se um excelente chefe de guerra, que desempenhava junto do príncipe um papel semelhante ao que coubera a Agripa. Reprimiu, em particular, sublevações surgidas na região do Danúbio e na Dalmácia. Depois, anexou a Panónia (a Hungria ocidental) e cumpriu, assim, um projecto alimentado por Augusto ainda antes do Áccio, que consistia em assegurar a ligação entre as duas metades do Império, as províncias* de língua latina e as províncias de língua grega. Por ocasião destas vitórias, o Senado pretendeu atribuir a Tibério a honra do triunfo; mas Augusto só consentiu em lhe conferir os «ornamentos triunfais», isto é, o direito de usar as insígnias atribuídas aos triunfadores, e não o próprio triunfo. Nesse momento, Tibério, genro do imperador, não aparecia como seu sucessor designado, mas como lugar-tenente, *legatus,* e tutor dos filhos que Júlia tivera de Agripa. Não convinha, portanto, valorizá-lo demasiado.

    O casamento de Tibério e Júlia revelou-se frágil muito rapidamente. O filho nascido durante o primeiro ano da união morreu pouco depois de vir ao mundo e o casal deixou de ter relações íntimas, sem que houvesse divórcio, o que seria impossível, atendendo ao significado político do casamento. Entretanto, Augusto enviou Tibério para a frente da Germânia e Júlia, sozinha, retomou a vida desregrada que vivera no passado. Não dissimulava o desprezo por Tibério, que considerava de muito pouca nobreza e indigno dela! Quando regressou da frente do Danúbio, Tibério compreendeu que a vida em comum com Júlia se tornara impossível; assim, ignorando as orações da mãe e as imposições de Augusto, Tibério, no ano 6 a. C., abandonou Roma e partiu para o Oriente, como outrora fizera Agripa, no tempo em que Marcelo ocupava a posição mais importante junto do príncipe. Instalou-se em Rodes, numa casa modesta, onde viveu como um simples cidadão, frequentando os ginásios e as escolas, ouvindo os gramáticos e os sofistas. Permaneceria oito anos na ilha. Oficialmente, não estava exilado; mas, se pretendesse regressar a Roma, precisaria de obter a autorização do príncipe, e também o consentimento de Gaio, filho de Agripa e de Júlia, ainda vivo e considerado herdeiro de Augusto.

    Foi durante a estada em Rodes que Tibério tomou conhecimento da catástrofe que se abatera sobre Júlia, no ano 2 a. C. Augusto, bruscamente, enviara a filha para o exílio, na pequena ilha de Pandatéria (Ventotene, ao largo da Campânia), para a punir, dizia, pelos seus excessos. Ao mesmo tempo, dissolvera o casamento. Tibério, leal para com a mulher, apressou--se a escrever a Augusto, pedindo-lhe que se reconciliasse com ela e lhe devolvesse a liberdade. Augusto recusou.

    É muito provável que o verdadeiro motivo desta severidade não fosse a indignação de um pai por razões morais, mas a de um príncipe que acabara de descobrir provas de uma conspiração encabeçada por Júlia para o assassinar e entregar o poder a um amante. Júlia permaneceu cinco anos naquela ilha. Findo este período, Augusto autorizou-a a habitar Régio (Reggio di Calabria), mas em condições precárias. Excluída da *gens Julia,* o príncipe proibiu a sua inumação, quando morresse, no Mausoléu Dinástico do Campo de Marte. Tibério, quando subiu ao poder, em 14 d. C., não suavizou as suas penas. Júlia morreu no exílio, em Régio, de miséria e de fome, em 17 d. C. Tibério estava, então, no terceiro ano do seu reinado. Há muito que Gaio e Lúcio, os dois filhos mais velhos de Júlia, tinham morrido. O terceiro filho, Agripa Póstumo, parecera, por momentos, dever continuar a dinastia. Quando Gaio morreu, Augusto adoptou-o, ao mesmo tempo que adoptava Tibério, e obrigando este a adoptar Germânico, neto de Octávia e António e, pelo pai Druso, de Lívia. O que criava uma situação estranha: dois jovens, Agripa Póstumo e Germânico, tornavam-se herdeiros igualmente previsíveis. Chegado o momento, teria de ser feita a destrinça entre os dois. Tibério, por seu lado, continuava a ser considerado «tutor» de um deles. Augusto não se resignava a apresentá-lo e a considerá-lo seu sucessor. Mas, no ano 7 d. C., Agripa Póstumo é, por sua vez, enviado para o exílio, primeiramente para Sorrento, depois para a ilha de Planasia. Nenhuma acusação particular contra ele, para além de ser «naturalmente brutal» e parecer indigno de exercer o poder. Tratar-se-á de uma maquinação de Lívia, desejosa de eliminar o último filho de Júlia? Diz-nos Tácito que correram rumores nesse sentido. Seja como for, Augusto, no último ano da sua vida, parece ter-se arrependido do seu gesto, partindo secretamente para Planasia a fim de visitar o neto mais novo e de lhe prometer o seu regresso a casa. Não teve tempo de o cumprir. Morreu pouco tempo depois, em Nola, na Campânia, a 19 de Agosto de 14 d. C. Tibério, logo nos primeiros dias do reinado, mandou assassinar Agripa Póstumo, com a concordância de Lívia.

Tibério imperador

Entre todos os herdeiros do carisma atribuído aos Julii, restavam apenas Tibério e Germânico. Só o primeiro tinha idade para exercer efectivamente o poder. O segundo ainda não tinha vinte anos. De qualquer modo, eram os filhos de Lívia que prevaleciam, no que foi decerto uma luta feroz, pelo menos por parte da avó! É mais duvidoso que o próprio Tibério tenha desejado verdadeiramente suceder ao pai adoptivo. Até então, a monarquia de Augusto baseara-se num equívoco, transmitido de ano em ano. Os seus poderes de *imperator* eram-lhe conferidos pelo Senado, e sempre por períodos limitados. Estariam os senadores dispostos a fazer o mesmo em benefício de Tibério?

Diz a tradição que Tibério tinha convicções republicanas. Como representante de uma das mais antigas e maiores famílias do Estado, podia desejar, bem no fundo de si mesmo, ocupar a sua posição numa cidade devolvida ao seu modelo tradicional, sem ter de suportar os inúmeros constrangimentos do cargo supremo. Em Rodes, não conhecera a liberdade e o *otium**? Esses tempos felizes não poderiam repetir-se? Começou por propor a restituição do poder ao Senado, voltando ele a ser um homem privado. Aparentemente desconcertados, os senadores não aceitaram a proposta que, obviamente, suscitava graves dificuldades,

As Dinastias do Alto Império

talvez insuperáveis. Todo o aparelho de Estado fora organizado em redor da pessoa de um príncipe. Que aconteceria se restabelecessem a velha alternância dos magistrados anuais, esse esboroamento sistemático do tempo e dos homens, que quase conduzira à perda de Roma? Tibério, no seu discurso ao Senado, a 17 de Setembro, parece ter tentado mostrar aos Pais a complexidade dos problemas, esboçando provavelmente os meios de os resolver, que se resumiam a suprimir a monarquia, conservando o que esta tinha de insubstituível. Os senadores ou não compreenderam ou fingiram não compreender e Tibério teve de aceitar receber, de uma só vez, todas as honras e poderes de Augusto. Além disso, foi acusado de hipocrisia, de ter representado uma cena e de ter rejeitado ostensivamente o que desejava em segredo. Doravante, estava formada, do novo príncipe, a imagem que a História iria reter, a de um tirano pérfido e sanguinário.

Foi assim que a instituição imperial endureceu e assumiu definitiva e ostensivamente a forma de uma monarquia, o que Augusto sempre pretendera evitar. Na aparência, nada mudara; mas, de facto, segundo as palavras de Tácito, todos compreendiam «que [Tibério] não se considerava um cidadão comum» (*Anais*, I, 72, 2), pois voltara a vigorar a «lei de majestade», que datava da República e, na origem, dizia respeito aos crimes de alta traição, mas que agora era utilizada para punir as publicações sediciosas, em particular as que circulavam entre o público e denunciavam a crueldade, o orgulho de Tibério e as suas dissensões com Lívia. Violava-se, assim, o próprio princípio da *Libertas**, a igualdade de todos os cidadãos perante a lei. Em breve, movidos pelo interesse ou pela ambição, os delatores multiplicaram as acusações *de maiestate,* o que, com o tempo, criou um clima de terror. Tibério surgiu como inimigo do Senado, se bem que multiplicasse os gestos de generosidade para com os senadores que já não dispunham dos recursos necessários para manter a sua categoria. Mas, inconstante, caprichoso, e recusando-se, em geral, a prestar contas das suas decisões, não colheu benefícios das suas boas acções, que mais pareciam um efeito de decisões arbitrárias.

Tibério teve oportunidade de avaliar a sua impopularidade quando um antigo escravo de Agripa Póstumo apareceu na Etrúria e se fez passar pelo jovem príncipe, milagrosamente salvo. Muitos senadores e cavaleiros aliaram-se ao impostor e ajudaram-no, fornecendo-lhe dinheiro e conselhos. Tibério limitou-se a mandá-lo prender e executar, secretamente, numa sala retirada do Palatino. Não ousou mandar buscar os seus cúmplices. Todo o reinado decorrerá nesta atmosfera de suspeição mútua, ainda envenenada pela morte de Germânico, que Tibério enviara ao Oriente, a fim de restabelecer o «protectorado» de Roma sobre a

Arménia. Pouco depois de chegar à Síria, Germânico morreu, em Antioquia, tendo corrido persistentes rumores de que o filho adoptivo de Tibério fora envenenado, por ordem deste. O caso nunca foi esclarecido.

À medida que se afastava do Senado, Tibério depositava cada vez mais confiança num cavaleiro, L. Aelius Seianus (Sejano), prefeito do pretório, que sucedera neste cargo ao pai, L. Seius Strabo. Sejano empenha-se, então, em reforçar o poder do príncipe. Obtém a licença necessária para mandar construir um campo para os pretorianos, mesmo às portas de Roma, ignorando o velho princípio segundo o qual o exército não podia estacionar nas proximidades imediatas da Cidade, a não ser de forma excepcional e temporária. O principado de Tibério acaba por se assemelhar estranhamente à tirania de outros tempos, entre os Gregos, onde o poder do *tyrannos* assentava nos soldados.

Sejano, porém, arquitecta o projecto de vir a ser imperador. Para ter as mãos livres, encoraja Tibério a reencontrar o seu *otium* de outrora, retirando-se para a Campânia. Tibério decide-se a deixar Roma, e a confiar os seus negócios a Sejano. Instala-se em Capri, em 26, após cerca de doze anos de reinado efectivo. Na ilha, pretende interessar-se por literatura, ouve declamadores, lê colectâneas relativas às antigas lendas da mitologia e, sobretudo, conversa com astrólogos. Torna-se amigo de um deles, Trasilo, que consulta a propósito de tudo. Mas nem assim deixa de acompanhar a vida política e de exercer a sua crueldade em relação aos senadores de cuja hostilidade desconfia. Sejano, por seu lado, encoraja-o a eliminar um a um os descendentes de Germânico, que constituem outros tantos obstáculos à sua própria ambição. Antónia a Nova, mãe de Germânico, teve a coragem de denunciar ao príncipe as manobras do prefeito e, julgando-se perto de alcançar o seu objectivo, Sejano foi acusado perante o Senado, por uma carta de Tibério, e imediatamente executado. O imperador tivera o cuidado de nomear um novo prefeito do pretório, Névio Sertório Macro, que se encarregará de levar tudo a bom termo. O Império estará a ser alvo das intrigas da corte?

O imperador tinha dois sucessores possíveis, Gaio (o futuro Calígula), filho de Germânico, e o seu próprio neto pelo sangue, Tibério Gemelo. Ambos pertenciam à *gens Julia*. Eram, pois, ambos elegíveis. Mas Gaio, nascido a 31 de Agosto do ano 12 d. C., era mais velho do que Gemelo, que tinha cerca de oito anos a menos. Além disso, Gaio tinha a vantagem de viver em Capri, junto do príncipe. Quando Tibério morreu, a 16 de Março de 37, provavelmente sufocado pelos cobertores por obra de Macron, este apressou-se a ordenar aos soldados presentes que prestassem juramento a Gaio, e depois partiu para Roma, convocou o Senado e conseguiu, sem dificuldade, que Gaio fosse oficialmente

As Dinastias do Alto Império

proclamado *imperator*, ao mesmo tempo que lhe era atribuído o poder tribunício*, principal instrumento do poder desde Augusto.

Calígula imperador

Gaio, então, regressou a Roma, escoltando o cadáver de Tibério, desde Miseno, e teve oportunidade de medir a sua popularidade, pois a multidão aclamava-o e amaldiçoava o defunto, para quem ninguém ousou reclamar as honras da apoteose*. Tibério fora um «mau» imperador. O século de ouro regressaria com o jovem filho de Germânico, que, como se pensava, teria restabelecido a liberdade, se tivesse vivido mais tempo. Com Gaio, era toda a lenda de Germânico, o conquistador prestigiado, que renascia. Na realidade, o poder caíra nas mãos de um demente. As suas crueldades, excentricidades, o desejo evidente de ser divinizado em vida, as variações bruscas de humor, as exigências financeiras – criava constantemente novos impostos que mandava cobrar com a maior brutalidade –, estiveram na origem de uma revolta contra ele, no próprio seio do pretório e, a 24 de Janeiro de 41, foi assassinado, num corredor subterrâneo do Palatino.

Com Gaio, tinham-se afirmado as tendências do regime para se transformar em tirania. Ostensivamente, desprezara o Senado, destituíra, condenara à morte os magistrados regularmente eleitos. Para além de vãs aparências, nada restava do equilíbrio jurídico tão laboriosamente elaborado por Augusto. Lembrando-se de que António fora seu antepassado, Gaio parecia querer continuá-lo, imitar o luxo de que se rodeava e tornar-se verdadeiramente rei. Os seus actos arbitrários, na Judeia, onde decidiu instalar a sua própria estátua no templo de Jerusalém, já haviam provocado sérias perturbações, capazes de fazer temer uma guerra declarada. Não só as estruturas do Império se encontravam abaladas, em Roma, como as províncias pareciam encorajadas a criar uma secessão para escaparem à tirania caprichosa do príncipe. Assim, a Mauritânia revoltou-se, instigada por um liberto do rei Ptolomeu, um certo Edemon, que pretendia vingar a morte do amo, obrigado a matar--se por uma decisão injustificada de Calígula. A rebelião foi reprimida e a morte do tirano pôs rapidamente fim a esta demência. Sucedeu-lhe o tio Cláudio, irmão de Germânico.

Cláudio imperador

A subida de Cláudio ao poder provocou uma surpresa geral. A opinião pública, seguida pelos historiadores antigos, considerou-a um acto do Destino, que assim elevava à primeira fila este príncipe, de cinquenta e um anos, outrora considerado por Lívia um ser incompleto, ridículo, e a quem Augusto recusara qualquer cargo oficial, para além de tirar augúrios, o que não implicava nenhuma verdadeira responsabilidade. Tibério, seu tio, tratara-o do mesmo modo. Fora um pouco mais bem aceite pelo sobrinho Gaio, que não se coibia, porém, de o ridicularizar na vida quotidiana. Cláudio estava, pois, presente no Palatino quando Gaio foi assassinado. Assistiu ao crime e, aterrorizado, escondeu-se atrás de uma tapeçaria. Um pretoriano viu-o, reconheceu-o e, orgulhoso por ter à sua frente um irmão de Germânico, arrastou-o até ao Campo, onde foi proclamado *imperator*. Entretanto, alguns senadores tentavam obter a abolição do principado e a proclamação da República. Mas o povo não desejava o regresso dessa *Libertas**, que deixara tão más recordações, e exigia um chefe. A ideia monárquica encontrava-se profundamente enraizada nos espíritos. O principado surgia como o único regime possível. Tudo dependia da pessoa que o exercesse. Mais uma vez, prevaleceu o prestígio inseparável do nome de Germânico. Cláudio, aclamado pela multidão, aceitou que os pretorianos lhe prestassem o juramento tradicional. Recompensou-os mandando pagar a cada um deles um «congiário[th]» de quinze mil sestércios. Os senadores inclinaram-se. Mais do que nunca, o poder cabia à *gens Julia,* que integrava, por adopção, os *Claudii Nerones.*

Será lícito pensar, como muitos historiadores modernos, que esta subida ao poder de Cláudio resultou de um *pronunciamiento* imposto pelos soldados? Na realidade, é possível descortinar, para além das aparências, um retorno, decerto inconsciente, aos procedimentos mais antigos da cidade, aqueles que, sete séculos atrás, acompanhavam a investidura dos reis. Não falta nem a presença activa do «povo» (*populus*), manifestada pelas aclamações da multidão, nem a vontade dos soldados, nem a ratificação pelo Senado, consagrando, pela sua *auctoritas*,* os votos das outras duas componentes do Estado. Todas as condições estavam reunidas para que Cláudio recebesse ao mesmo tempo o *imperium* militar e o poder civil. Quanto à sua própria pessoa, beneficiária deste antigo procedimento, que reaparecia por si mesmo, a escolha justificava-se pelo carisma gentilício herdado de Augusto. O que Cláudio se apressou a realçar rodeando das maiores honras a memória daquele que fundara o principado, a de Lívia e de todos os membros da família. Mas, ao mesmo tempo, como fizera Gaio, glorificava a memória de António, de quem era neto pelo sangue. Testemunhava, assim, a sua *pietas,* uma das virtudes cardinais da ideologia romana. Para si próprio, não queria nada, nenhuma distinção que provocasse a *invidia,* a inveja.

Ao contrário de Gaio, recusava-se a apresentar-se como um rei. Exerceu seis consulados, quatro dos quais durante o seu próprio reinado (os dois

As Dinastias do Alto Império

anteriores no reinado de Gaio) e, sobretudo, usou dos seus privilégios para participar muito activamente na vida judiciária. Assim, conservando as formas antigas da vida pública, e também conferindo uma nova vida a instituições religiosas caídas em desuso, disfarçava habilmente a sua omnipotência.

Com Augusto, o principado mudara de rosto. A evolução começada no tempo de Tibério, com a lei da majestade, prosseguira com Gaio, até à caricatura. Com Cláudio, a componente real do poder, embora velada, não deixa de estar presente. São os libertos do príncipe, isto é, a gente da sua casa privada, que se ocupam de muitos dos grandes negócios e, a despeito da sua aparência de simplicidade, Cláudio deixa-se lisonjear facilmente. Assim, na *Consolação* que Séneca dedica a Políbio, um dos libertos imperiais, pela morte do irmão, o filósofo, então relegado para a Córsega, não hesita em exaltar Cláudio, em louvar as suas virtudes, que são (quase) as de um deus, em todo o caso as que haviam aberto a Augusto as portas celestes. Os modernos divertem-se, absurdamente, a acusar Séneca de se ter «rebaixado», sem pensarem que aquele tom era exigido pela etiqueta, que o amo não devia esquecer que estava destinado à imortalidade e que o seu poder era de essência divina. Tão-pouco o esquecia que, segundo Séneca, mandou matar, durante o seu reinado, trinta e cinco senadores, duzentos e vinte e um cavaleiros (Suetónio vai mesmo até trezentos) e simples cidadãos «como areia e pó», escreverá Séneca mais tarde. Mas, depois da crueldade de Gaio, a de Cláudio, encoberta, parecia quase tolerável. Tanto mais que o imperador prosseguia uma política de expansão e a glória adquirida no exterior disfarçava os males internos.

Cláudio soube anexar uma grande parte da Grã-Bretanha, enquanto Gaio se entregara a uma encenação grotesca, fingindo declarar-lhe guerra. No Oriente, restabeleceu a autoridade de Roma, pelo menos aparentemente, pois o problema da Arménia persistia, encontrando-se no momento dissimulado. Os progressos do Império em direcção ao Danúbio avançaram, com a anexação do reino do Trácio Roemetalces. Em África, Edemon é obrigado a submeter-se. O problema judeu continuava, pelo contrário, sem solução. Houve trocas de embaixadores com os Alexandrinos e a colónia judia desta cidade, o que não bastou para restabelecer a calma. Já então se falava num certo Crestos, cujos sectários teriam provocado agitação em Roma. Cláudio mandou expulsá-los da Cidade, estabelecendo uma diferença entre os Judeus propriamente ditos, que foram autorizados a permanecer, e os que, entre estes, se reclamavam de Crestos (Díon Cássio, LX, 6, 6). Foi a primeira aparição do cristianismo no Império.

O reinado de Cláudio, que durou treze anos, marca uma etapa

importante na evolução do principado. Cláudio concedeu largamente o direito de cidade romana às províncias* do Ocidente. Alguns grandes senhores das Gálias foram mesmo autorizados a entrar no Senado. Roma já não aparecia como uma cidade conquistadora, mas como uma metrópole, a pátria espiritual de uma comunidade sem fronteiras. No célebre «Discurso de Lião», cujo texto chegou até nós, Cláudio justifica esta política apresentando-a como a continuação da que sempre fora praticada pelos «antepassados». Apoiando-se nos estudos históricos a que se entregara no tempo em que se encontrava excluído da vida política, observa que o direito de cidade romana foi gradualmente expandido a povos cada vez mais numerosos, que os vencidos de outrora são agora considerados iguais aos vencedores. Trata-se, diz ele aos senadores, de uma evolução inelutável. A velha concepção do Império universal não é um sonho, mas uma realidade que se cumpre.

Seis anos decorridos sobre o discurso de Lião (que data de 42), ainda uma tragédia palaciana agitava a casa do príncipe. A mulher de Cláudio, Valéria Messalina, que lhe dera um filho, chamado Britânico (depois da vitória na Bretanha), e que levava, segundo consta, uma vida dissoluta, projectou entregar o Império a um dos seus amantes, o belo C. Sílio. Os libertos do príncipe revelaram a conspiração ao amo e conseguiram que a imperatriz fosse condenada à morte, em Agosto ou Setembro de 48, sem que Cláudio ousasse salvá-la ou mandá-la executar por sua ordem expressa. Viúvo, casou, no princípio de 49, com a sobrinha, Agripina a Jovem, filha de Germânico e mãe de um filho de doze anos, L. Domício Aenobarbo, o futuro Nero (*cognomen* adquirido quando foi adoptado por Cláudio). Agripina, decidida a assegurar o poder ao filho, à custa de Britânico, e julgando compreender que Cláudio não consentiria, mandou envenenar o imperador, a 12 de Outubro de 54. No dia seguinte, Nero foi aclamado *imperator* pelos pretorianos e os senadores confirmaram esta aclamação. Haviam sido encorajados por Séneca, há muito fiel à descendência de Germânico.

Nero

Com Séneca, surge explicitamente uma teoria do poder imperial, no âmbito do principado augustano. As suas ideias, que então divulgou, chegaram até nós pelo tratado *Da Clemência,* verdadeiro programa de governo que tem em conta a experiência adquirida no tempo de Cláudio. O novo imperador, o jovem Nero, diz-nos Séneca, retomará os princípios do regime, tal como fora concebido pelo deus Augusto, reduzirá a importância adquirida pela casa do imperador, pelos libertos, pelos procuradores, a quem Cláudio queria conferir poderes análogos aos dos

As Dinastias do Alto Império

procônsules*, o que lesava gravemente as prerrogativas da ordem senatorial e se assemelhava muito à tirania exercida por uma única pessoa. É o que sublinha o panfleto então redigido por Séneca, *Apocoloquintose**, que ridiculariza a memória de Cláudio e que tão inutilmente indigna os modernos.

O regime imperial, tal como então o apresenta Séneca, surge como uma monarquia inscrita na ordem do mundo. Promete uma nova idade de ouro, onde a justiça e a força serão temperadas pela *humanitas**. É verdade que, nesse mesmo momento, Nero mandava envenenar o irmão Britânico. Crime que a opinião pública facilmente desculpou, pois toda a gente admitia que o poder não pode ser partilhado.

Este programa, que integrava no principado augustano ideias inspiradas no estoicismo, tinha o mérito de conferir um quadro ideológico à vida política, justificando devidamente a universalidade da monarquia imperial e atribuindo-lhe, como fim, o reinado da *humanitas*. Magnífico comentário com a dupla apelação de Júpiter, *optimus* e *maximus*, o deus protector do *imperium*.

É sabido que o sonho dos primeiros anos do novo reinado não tardou a dissipar-se. Nero foi infiel às lições de Séneca. Arrastado pelas paixões da adolescência (tinha dezassete anos em 54), colocou o poder ao serviço dos seus caprichos. Parecia estar de volta o tempo de Gaio, de tal modo que, em menos de dez anos, Nero reuniu contra si uma grande parte dos senadores e dos pretorianos. Em 65, formou-se uma conspiração em volta de um senador, Calpúrnio Piso. Reunia pessoas de todas as condições, senadores, cavaleiros, soldados, e até mulheres – escreve Tácito (*Anais*, XV, 48) –, toda a espécie de pessoas a quem Nero, assassino da mãe (mandara-a matar em 59 por recear a sua influência junto dos pretorianos), histrião, incendiário da Cidade, causava horror. Mas, acima de tudo, a «missão» dos Júlio-Claudianos parecia ter chegado ao fim, o carisma extinguia-se. Doravante, a divindade de Augusto não teria eficácia. A maior parte dos conspiradores não punha em causa o próprio princípio do regime, mas sentia necessidade de confiar o poder a um homem novo, mais autenticamente dotado pelos deuses desse carisma misterioso que, só por si, justificava o principado.

O fim dos Júlio-Claudianos

A conspiração de Pisão foi reprimida pelo sangue; mas, quando se produziram as insurreições de Vindex na Aquitânia e de Sulpício Galba, dois anos mais tarde, na província espanhola Tarraconense, o poder de Nero ruiu. Os soldados do pretório, a despeito do juramento prestado, não o defenderam. Foi o Senado que organizou o golpe de Estado, declarando Nero inimigo público e proclamando, em sua substituição, Sulpício Galba imperador.

O ano dos quatro imperadores

Galba só tinha em sua defesa uma reputação de integridade, ou mesmo de severidade. No dia em que Nero foi morto voluntariamente (9 de Junho de 68), não se encontrava em Roma, mas na sua província Tarraconense. Não lutou pelo poder, recebeu-o do Senado. Há muito que o seu nome se envolvera numa espécie de lenda. Haviam-se verificado prodígios que pareciam designá-lo para o Império. Dizia-se mesmo que, um dia, Augusto lhe declarara bruscamente e como por inspiração súbita: «Também tu, meu filho, experimentarás o Império.» O povo romano não apreciava não ser dirigido por um favorito dos deuses, convencido como estava de que o *imperium romanum* não era uma realidade apenas terrestre e humana. Mas o presságio que designava Galba cumpriu-se em toda a sua literalidade. Galba limitou-se a *experimentar* o poder. Regressado de Roma no mês de Outubro de 68, foi morto pelos pretorianos no dia 15 de Janeiro seguinte, por instigação de um antigo companheiro de Nero, Sálvio Otho. A *auctoritas** do Senado não bastava para fazer um imperador. Era precisa a vontade dos soldados. Não manifestava esta a vontade dos deuses? Ora, enquanto os pretorianos aclamavam Otão, em Roma, Vitélio, o governador da Germânia inferior, recebia o juramento dos seus próprios soldados. A prova de força era inevitável. O exército da Germânia e o de Otão encontraram-se em Bedriac, entre Mântua e Cremona, a 14 de Abril. Os soldados de Otão foram derrotados. O chefe suicidou-se.

A dinastia flaviana

Entretanto, o exército do Oriente, por sua vez, proclamava imperador o seu próprio general, Vespasiano, T. Flavius Vespasianus, que comandava as tropas enviadas para a Judeia contra os Judeus. O que um exército podia fazer, também os outros podiam. Vitélio era desprezado, devido ao seu carácter e género de vida. Vespasiano, por outro lado, só inspirava estima. Mas havia mais. É verdade que não contava com antepassados ilustres, mas, para conduzir a cidade, passara o tempo da confiança cega em membros da mais antiga aristocracia. O regime do principado não é posto em causa, aspira-se apenas a colocar à frente de um Estado um «bom» imperador, isto é, um homem experimentado, de idade madura – depois de Gaio e Nero, os príncipes adolescentes suscitam menos prestígio do que antigamente. Ora, Vespasiano ia nos seus cinquenta e

As Dinastias do Alto Império

nove anos. Era um guerreiro e, portanto, um *imperator* com provas dadas. Recebera os ornamentos triunfais e governara com honra a província de África. Originário de Sabina, simbolizava, como os compatriotas, as virtudes antigas da raça italiana, outrora cantadas por Virgílio. Era lícito esperar dele o regresso ao passado, já mítico, cuja nostalgia se fazia sentir. Ele próprio não era destituído de uma certa aura divina, e toda a sua pessoa se envolvia em lendas. Vários prodígios, que se haviam produzido em Itália, como constava, prometiam-lhe o Império. No Oriente, os oráculos pronunciavam-se a seu favor. Além disso, a situação política não deixava de apresentar analogias com as que haviam precedido a criação do principado: o Império encontrava-se dilacerado pelas lutas entre os exércitos, a guerra civil ameaçava as províncias. Chegara a altura de aparecer um homem providencial, um novo Augusto, enviado pelo Destino de Roma. E esta personagem, designada pelo céu, só podia ser Vespasiano! Assim, bastou uma única vitória, obtida pelo legado António Primo, para abrir ao exército o caminho de Roma, onde entrou a 21 de Dezembro de 69. No dia seguinte, o Senado concedia ao vencedor todos os poderes de um imperador.

Tornou-se desde logo evidente que os deuses não haviam designado apenas um homem, mas toda uma família, a que formavam Vespasiano e os dois filhos. Quando, no início do seu reinado, Vespasiano afirmou que «teria por sucessores os filhos ou então ninguém» (Suetónio, *Vespasiano,* 25), ninguém, aparentemente, se indignou. O princípio da hereditariedade permanecia vivo na mentalidade romana. A noção de família era essencial, tanto no direito como na religião doméstica. Assegurara, durante perto de um século, o poder aos Júlio-Claudianos, devido ao laço místico que os unia ao deus Augusto. Galba adoptara o jovem Pisão antes de o associar ao seu poder. Pareceu natural que Vespasiano ascendesse ao Império em nome da sua raça e fundasse, por sua vez, uma dinastia sacra.

Tito

Tito, a quem o pai dera o nome de Caesar, tal como a Domiciano, o filho mais novo, e ainda o título de príncipe da juventude, de acordo com o precedente augustano, foi proclamado imperador sem dificuldade quando Vespasiano morreu, em 24 de Junho de 79.

Domiciano

Quando Tito morreu, a 13 de Setembro de 81, repetiu-se a história com Domiciano, que, nesse dia, os pretorianos aclamaram *imperator.*

No dia seguinte, os senadores conferiram-lhe o *imperium*, confirmando assim o gesto dos soldados, assim como o poder tribunício* e o nome de Augusto. O seu reinado prolongar-se-ia até 18 de Setembro de 96; mas, enquanto Vespasiano e Tito haviam ambos recebido, imediatamente depois da morte, as honras da apoteose*, o Senado, dizimado pela crueldade de Domiciano, recusou-lhas. Vespasiano recebera um templo (que subsiste) na colina do Capitólio, voltado para o Fórum, e Tito recebera outro, mais modesto, inserido no recinto sagrado junto do Campo de Marte, e hoje desaparecido. Condenando, assim, a memória do tirano, vítima dos seus próprios crimes, os Pais punham simultaneamente termo à dinastia flaviana, que os deuses haviam abandonado.

Nerva

Quem seria o novo imperador de Roma? Os conjurados que tinham abatido Domiciano pensavam no assunto. Decidiram chamar ao Império M. Cócio Nerva, um velho sem filhos, várias vezes cônsul, outrora amigo e familiar de Nero. Frequentara o círculo de poetas que rodeava o imperador, ele próprio escrevia «pequenos poemas». Este homem tranquilo e sensato aliara-se desde muito cedo a Vespasiano, que fizera dele seu colega no consulado, em 71. Vinte anos mais tarde, fora colega de Domiciano, na mesma magistratura. Simbolizava a continuidade do poder senatorial. Os aristocratas, escolhendo-o, parecem ter tido a intenção de estabelecer uma verdadeira diarquia, associando realmente o príncipe ao Senado. O que fora, a partir de Augusto, uma ficção e um mito poderia tornar-se realidade. O equilíbrio que daí resultasse entre os dois poderes permitiria reconciliar a antiga «liberdade» e o necessário principado. Tácito, que então começa a redigir as *Histórias,* afirma que o milagre se realizou, que *Libertas** e *Principatus* se entendem agora bem, precisamente desde que Nerva é imperador.

Mas um imperador com sessenta e um anos de idade, talvez mais, não pode esperar por muitos anos de reinado. O problema da sucessão surge desde logo. Para o resolver, não existe nenhuma solução premeditada. A experiência mostrara apenas que um imperador devia contar com a dedicação dos soldados, a estima do Senado e uma qualidade indefinível, o assentimento dos deuses. Esta tripla legitimidade assentava, em última análise, nas suas «virtudes», qualidades eminentes que lhe eram próprias e de que o Império beneficiava, ao mesmo tempo que lhe asseguravam a estima e a obediência dos soldados, o respeito, ou mesmo o afecto dos Pais e, consequência suprema, a bênção dos deuses. Ora, Nerva não preenchia duas destas condições. Fora escolhido contra a vontade dos soldados, que só muito dificilmente aceitaram reconhecer a sua autoridade. O que se manifestou em Roma por perturbações no pretório, mas também nas províncias*, onde parece que os exércitos, na Germânia superior e na Síria, foram mais reticentes a prestar o juramento devido ao *imperator.*

Trajano

Para enfrentar esta dificuldade, Nerva, logo que subiu ao poder, designou como governador da Germânia superior um guerreiro de quarenta e três anos de idade, M. Úlpio Trajano, cujo pai, originário de Itálica, na Bética, servira com honra Vespasiano e percorrera a carreira senatorial. Ele próprio, depois de ter participado em várias campanhas militares, fora sucessivamente questor e depois pretor* e, em 91, cônsul* regular. Depois, em vez de ser encarregado de uma província consular, o que teria sido uma carreira normal, ficou em Roma, sem desempenhar nenhuma função oficial. Assim o quisera Domiciano, que receava acima de tudo que um chefe prestigiado se impusesse às legiões* e se fizesse proclamar *imperator.* Tratara da mesma maneira Júlio Agrícola, sogro de Tácito. Nerva, que não receava nada de semelhante, julgou que o passado militar de M. Úlpio Trajano o designava o homem mais preparado para captar a boa vontade dos soldados e, por esta razão, confiou-lhe a província da Germânia superior, um dos pontos fracos do Império, entre o Reno e o Danúbio. Trajano decerto teria podido, sem dificuldade, fazer-se proclamar imperador pelo exército. Não o fez. Foi o próprio Nerva quem, muito legalmente, o chamou ao poder, adoptando-o solenemente, a 28 de Outubro de 97.

Assim se viu preenchida a primeira condição para fazer um imperador: o consentimento dos soldados. A popularidade de Trajano junto do exército era tão grande que ninguém poderia duvidar do seu consentimento. Nerva limitara-se a antecipar-se. Restava – uma vez adquirido o apoio dos senadores – a terceira condição, o acordo da divindade. Duas circunstâncias provaram que os deuses estavam favoráveis a Trajano. Plínio, no *Panegírico* que proferiu a 1 de Setembro do ano 100, menciona um primeiro presságio, vindo de 97: a multidão, reunida no Capitólio, aclamara por engano Trajano com o nome de *imperator,* quando este título designava, de facto, Júpiter Capitolino (*Panegírico,* 5, 4). O segundo presságio produziu-se, também ele, no Capitólio, a 28 de Outubro, diante da estátua de Júpiter Óptimo Máximo. Bruscamente, Nerva declarou a vontade de adoptar Trajano, como se obedecesse a uma inspiração do deus (*Ibid.,* 8, 2-3). Foi assim que Trajano se tornou imperador, com a aprovação do exército, do Senado e dos deuses.

O Império Romano

O princípio da adopção

Nerva, ao adoptar Trajano, vencera onde Galba falhara, quando tentara transmitir o poder ao jovem Pisão, que adoptara. Doravante, admitir-se-ia que o carisma imperial se transmite assim, e não pelos laços do sangue. O que, em princípio, permitia guindar à categoria mais elevada um homem cujas «virtudes» fossem postas à prova. A adopção, como dissemos, era em si mesma uma investidura mística, conforme às mais antigas tradições romanas, praticada quando se introduzia, pública e solenemente, um «filho» numa *gens** à qual não pertencia por nascimento. Entre os Júlio-Claudianos, Augusto adoptara o filho mais velho de Lívia. Todos realçavam, entre os seus títulos, o parentesco com o deus César ou o deus Augusto. Também os sucessores de Trajano não deixarão de mencionar, até à época dos Severos e mesmo depois, a filiação que une cada um deles a Nerva, o deus Nerva, garante da sua missão divina. Assim se constituiu uma dinastia, a dos «Antoninos», que compreende todos os imperadores, de Nerva a Cómodo. Na verdade, esta designação apenas pertence verdadeiramente ao segundo sucessor de Trajano, Antonino o Pio, cujo reinado foi exemplar, a ponto de a sua recordação influenciar a memória de todos os príncipes ligados a Nerva, de adopção em adopção, aqueles cujo reinado conhecera uma paz profunda e que tinham subido ao poder sem violência nem lutas.

Mas não se tratará mais de um mito do que de uma realidade? De facto, o mecanismo das sucessões, durante este período, que se estende de 98 a 180, está longe de ser absolutamente claro. Em princípio, cada imperador escolhia, entre todos os sucessores possíveis, aquele que julgava mais digno, e adoptava-o, fosse qual fosse a sua origem. Mas, terá sido sempre assim? Rigorosamente, podemos afirmar que Trajano escolheu Adriano como sucessor devido aos serviços que este lhe prestara, ao longo de várias campanhas, no Danúbio e, sobretudo, durante a guerra contra os Partos. Também não devemos esquecer que P. Aelius Hadrianus (o futuro imperador Adriano) também era Espanhol, pertencia a uma família de colonos romanos há muito instalada em Itálica, e casara com uma sobrinha-neta de Trajano, Víbia Sabina, o que o colocava, em relação a Trajano, na situação de parentesco que fora a do jovem Octaviano, quando adoptado por César. O velho princípio da sucessão pelas mulheres continuava, pois, a ser respeitado. Por alguma razão, decerto. Mais tarde, Adriano terá declarado que, se fosse um simples cidadão, teria repudiado a mulher, tão mau carácter esta tinha, mas que o casamento de um imperador não podia ser dissolvido pelo divórcio. Não seria por a união com Víbia Sabina constituir uma das garantias da sua própria legitimidade?

As Dinastias do Alto Império

Subida ao poder de Adriano

Seja como for, Trajano ainda não adoptara oficialmente Adriano quando morreu, em Selinunte da Cilícia, no princípio do mês de Agosto de 117. Anteriormente, havia declarado que, de acordo com o exemplo de Alexandre, não designaria o seu sucessor. Exemplo perigoso para o Império. Quereria Trajano submeter-se à escolha do Senado? E foi fiel à promessa? Ignoramo-lo. Seja como for, a imperatriz Plotina e o prefeito do pretório P. Aelius Attianus declararam que, à hora da morte, Trajano acabara, enfim, por adoptar Adriano. O que não convenceu toda a gente, e muitos julgaram mesmo tratar-se de um embuste; mas os senadores aceitaram a versão apresentada por Plotina, e os soldados da Síria não hesitaram em aclamar o novo imperador. Por meio desta adopção, real ou imaginária, entrava na categoria do deus Nerva, os soldados reconheciam-no como *imperator* e o Senado, pelo silêncio, confirmava a escolha do exército. É verdade que, nos dias que se seguiram, desapareceram quatro antigos cônsules, quatro possíveis opositores, condenados à morte, por ordem do Senado, como então se disse. Adriano declarou bem alto nada ter a ver com estas execuções. Ele próprio teria sido escolhido por Trajano considerar que era «o melhor» (*optimus*)? Ou foram as intrigas de Plotina que estiveram na origem da sua elevação ao poder? Nada podemos afirmar.

A sucessão de Adriano

Adriano, por sua vez, quando viu aproximar-se o momento de abandonar esta vida, preocupou-se em assegurar a sua sucessão. Em 136, já doente, perseguido pela ideia do suicídio, adoptou um certo L. Ceionius Commodus Verus, que nada parecia chamar ao Império. Era um homem bonito, célebre por se entregar a uma vida de prazeres, mas, para além disso, sem nenhuma distinção especial. Supôs-se que tivesse sido um amigo de Adriano, atraído por este tipo de amores. Outra hipótese, formulada há cerca de cinquenta anos por J. Carcopino, sugere que se trataria de um filho natural de Adriano, nascido da ligação com uma tal Pláutia, mantida secreta enquanto Víbia Sabina foi viva. A ideia de uma filiação sanguínea entre Ceionius e Adriano pode apoiar-se em bons argumentos e não é improvável. Seja como for, o jovem príncipe, cuja saúde era periclitante, morreu a 31 de Dezembro de 137, ao regressar da província da Panónia, cujo governo lhe fora confiado pelo «pai». Adriano aguardava este desfecho. Não declarara, alguns meses antes, que se «encostara a uma parede em derrocada?» Manifestou um profundo desgosto, e depois, talvez por se sentir liberto do dever prometido a um filho de sangue, adoptou, a 25 de Fevereiro, um senador de cinquenta e um anos, Titus Aurelius Fulvius Boionius Arrius Antoninus, que então recebeu o nome de T. Aelius Caesar. Adriano impusera como condição a esta adopção que o novo César adoptasse, por sua vez e simultaneamente, dois jovens príncipes; um, de sete anos de idade, chamado Lucius Ceionius Commodus, era filho de Ceionius; o outro, M. Annius Verus, tinha dezassete anos, era filho de Annius Vero, que morreu jovem, mas pertencia a uma família senatorial, originária de Espanha. Parece que Adriano quis que Lúcio Cómodo lhe sucedesse, mas que M. Ânio, cuja seriedade e rectidão apreciava, lhe servisse de mentor quando chegasse o momento de substituir Fulvius Boionius Antoninus à cabeça do Império. Assim, na ideia de Adriano, tudo ficaria decidido por muitos anos. Mas estes cálculos foram, em parte, contrariados por Antonino que, depois da morte de Adriano, casou Annius Verus com a sua própria filha, Annia Galeria Faustina. Ao contrário do que esperava Adriano, Lucius Ceionius não obteve mais do que um segundo lugar, e Annius Verus tornou-se o herdeiro mais próximo.

Todas as personagens abrangidas por estas combinações pertenciam às mais importantes famílias senatoriais, o que assegurou o consentimento dos Pais. Os exércitos, favoráveis a Adriano, que, ao longo de todo o reinado, tivera o cuidado de os lisonjear, apresentando-se como «camarada» (*commilito*) de todos os soldados, prestaram sem hesitação o juramento pedido, primeiro a Antonino, depois a Annius Verus (Marco Aurélio), ambos designados por Adriano. Finalmente, a adopção, que fazia destes príncipes os filhos do «deus Adriano», conferia-lhes o carisma imperial e integrava-os na dinastia «divina».

Estas precauções, imaginadas por Adriano, permitiam chamar ao poder homens de quem eram conhecidos o carácter, os talentos e as «virtudes», e manter o princípio, em parte fictício, segundo o qual a sucessão imperial estava prometida ao «melhor», a fim de que, no futuro, fossem poupadas a Roma as surpresas que no passado havia sofrido com a filiação sanguínea. Esta não estava sistematicamente excluída. Um imperador tinha o estrito direito de associar um filho ao poder; mas também podia escolher outro herdeiro, adoptando-o. O herdeiro designado «daria provas», revelaria se era ou não digno de se tornar *imperator*. De facto, a experiência mostraria que um príncipe, uma vez adoptado pelo imperador, não poderia ser despojado da herança que lhe estava prometida, pois ele próprio se tornara membro da dinastia divina. Assim, quando o filho de L. Ceionius, L. Aelius Verus, foi adoptado por Antonino, por ordem de Adriano, ao mesmo tempo que o futuro Marco Aurélio, este não pôde proceder de outro modo, quando morreu Antonino, senão associar-se àquele que assim se tornava seu irmão, ao mesmo tempo que fazia dele seu genro. Todavia, Lucius Verus estava longe de se apresentar como o melhor dos imperadores. As tendências que revelava, o gosto pelo prazer, a paixão pelos jogos de circo pareciam anunciar um novo Nero, e não um novo Trajano. Mas a sua morte, em 169, fez dele um deus, ainda antes de o Destino lhe permitir revelar todas as suas capacidades, para o bem e para o mal.

De Antonino a Cómodo

Contudo, as combinações arquitectadas por Adriano iam-se realizando umas após outras (com excepção da que citámos). Antonino (Fulvius Boionius Antoninus), chamado *Pius* devido ao zelo de que dera mostras para obter do Senado, reticente, a divinização do «pai» Adriano – mas era uma condição da sua própria legitimidade –, reinou tranquilamente, de 138 a 161 (morreu a 7 de Março deste ano) e Marco Aurélio tornou-se, por sua vez, *Augustus,* depois de ter sido Caesar desde a subida ao poder de Antonino. Morreu a 17 de Março de 180. Adriano não pudera prever mais além. Marco Aurélio não quis ou não pôde manter a ficção segundo a qual era importante escolher o «melhor». Retomou, sem mais, a filiação pelo sangue e associou-se ao filho Cómodo, nascido em 161. Em 177, fez dele um cônsul* regular, o que era contrário a todas as regras; ao mesmo tempo, conferiu-lhe o poder tribunício*. Cómodo foi «um mau imperador» e o seu reinado, que terminou com o seu assassinato, em 192, como acontecera a Domiciano, em condições semelhantes, foi o último da dinastia dos Antoninos. Mas poderia o pai prever tudo isto?

Dos numerosos filhos de Marco Aurélio, Cómodo era o último sobrevivente. A maior parte dos irmãos morreu com pouca idade. O antepenúltimo, M. Annius Verus Caesar, nascido um ano antes, morrera em 169. Cómodo era, pois, o único apoio possível do imperador quando eclodiu a revolta de Avídio Cássio, em 175. Foi nesta solidão moral que Marco Aurélio decidiu recorrer ao filho. Encontrava-se, então, envolvido numa política de expansão, no Danúbio, e sentia que as suas forças físicas começavam a declinar. Mas também parece ter cedido ao sentimento natural de um pai pelo filho. Tinha tendência para incluir entre os mais elevados valores humanos o *philostorgia,* o afecto, a ternura, à qual erguera um templo no Capitólio. Também tinha confiança nos deuses, que o haviam ajudado durante o seu reinado. Não o ajudariam também no momento em que fosse preciso transmitir o poder? Não podia, ou não queria, distinguir no filho os primeiros sinais da loucura sanguinária e erótica que provocou a sua queda. Como por ocasião da morte de Nero, e depois de Domiciano, governadores de província*, comandantes de legião* pretenderam, quando Cómodo morreu, apoderar-se do poder; mas, desta vez, a crise assumiu uma extensão sem precedente e, quando se estabeleceu a dinastia dos Severos, já não se tratava do mesmo império.

Capítulo V
O SÉCULO DOS ANTONINOS

Século de paz interna e de estabilidade, graças à feliz solução introduzida por Adriano e Antonino no problema recorrente da sucessão, o século dos Antoninos, seguindo-se aos vinte e seis anos da dinastia flaviana, que formaram uma espécie de prelúdio, não só não conheceu nenhum corte nas fronteiras do Império, como, pelo contrário, marca um período de expansão, no decurso e no termo do qual o *imperium romanum* afirma a sua unidade e coesão, simultaneamente estratégica e espiritual, contra os perigos que a ameaçam. Os historiadores modernos acreditam poder admitir, a partir de cálculos muito hipotéticos, que o Império compreende aproximadamente uma população de sessenta a setenta milhões de habitantes. Número eminentemente variável, conforme as circunstâncias e que deve ser encarado com muita circunspecção.

Chegou a recear-se, durante as perturbações que acompanharam e se seguiram à queda de Nero, que províncias* inteiras entrassem em dissidência e que o Império se desmembrasse. Mas tal não aconteceu. É verdade que o Batavo Civilis chefiou uma rebelião, que se estendeu a vários povos da Gália e da Germânia, que pensaram criar um «Império das Gálias», mas as cidades gaulesas situadas longe da Germânia reuniram-se em assembleia com os Remenses (em Durocortorum, Reims) e tomaram a decisão de permanecer sob o domínio de Roma. Fidelidade religiosa ao juramento? Medo de represálias por parte dos Romanos? Mais provavelmente repugnância por voltarem a cair na situação a que a conquista pusera termo, desejo de partilhar com os conquistadores as vantagens de uma civilização que oferecia as artes da paz e do *otium**. Por outro lado, os Germanos assustavam. O Império Romano, pelo contrário, permitia que as cidades prosseguissem a sua vida nos quadros tradicionais, à custa de algumas concessões. A chegada do exército de

O Império Romano

Q. Petilius Cerialis, enviado em nome de Vespasiano ao vale do Reno, pôs fim, sem dificuldade, ao projecto do *imperium gallicum*, no qual poucas pessoas parecem ter realmente acreditado. Menos de dois anos antes da revolta de Civilis, a paz regressara às Gálias.

As fronteiras ocidentais do Império

Instruído por este alerta, Vespasiano instalou oito legiões* ao longo do Reno e mandou construir uma linha de fortes. Prolongou estas defesas para leste e preparou a penetração dos exércitos romanos através da Floresta Negra, mas foi Domiciano quem ocupou os Campos Decúmanos (Hesse, a região de Bade e uma parte do Wurtemberg), onde estavam instaladas populações não integradas em «nações» ou «cidades». E assim foi fechada, pelo menos em princípio, a fronteira entre o Reno e o Danúbio. Este mesmo Domiciano, cujas operações contra os Germanos tinham conhecido muitas dificuldades, quis conferir à região renana uma organização administrativa sólida. Criou duas províncias da Germânia: a Germânia inferior (cuja capital foi Colónia) e a Germânia superior, cujo governador residia em Mogúncia. Os Campos Decúmanos foram anexados à Germânia superior.

Segundo o mesmo esquema, essencialmente defensivo, Domiciano criou, na margem esquerda do Danúbio, duas províncias da Mésia, a Mésia inferior e a Mésia superior, quando ali existia uma única província da Mésia, ameaçada pelos Dácios, que transpunham periodicamente o rio e destruíam as colónias romanas. Entretanto, os Dácios tinham como rei um chefe hábil, chamado Decébalo, que julgou preferível iniciar negociações com Domiciano e, finalmente, concluiu um tratado com ele: os Romanos comprometiam-se a pagar-lhe um tributo anual e a fornecer-lhe engenheiros e operários para valorizarem o país.

Era esta a situação quando Trajano subiu ao poder. O novo imperador decidiu pôr termo a este pacto pouco honroso e às ameaças que faziam pesar sobre esta região as evidentes ambições do rei bárbaro. Foram duas guerras dácicas, cujos episódios figuram na coluna de Trajano. Decébalo foi vencido, pela primeira vez, em 102. Três anos mais tarde, voltava a pegar em armas e obtinha alguns sucessos, mas a vitória mudou rapidamente de campo. Os Romanos ocuparam a sua capital, Sarmizegetusa (hoje Varhély), e teve de fugir. Prestes a ser alcançado, suicidou-se. O seu reino, que se estendia pela margem esquerda do Danúbio, tornou-se a província da Dácia.

As guerras dácicas marcam uma nova etapa na expansão romana. Não foram essencialmente defensivas. É verdade que abrandaram as incursões dos «bárbaros» no território romano, mas não resolveram

O Século dos Antoninos

definitivamente os problemas então enfrentados e que surgiriam de novo nos reinados seguintes. O resultado mais importante foi a anexação de um vasto território que se estendia até às margens do Mar Negro e às cidades helénicas da costa. Roma aumentava a sua herança. Vieram ainda juntar-se as imensas riquezas provenientes das minas de ouro e prata exploradas desde os tempos mais recuados, na Transilvânia. Assim se explicam, como muito bem mostrou J. Carcopino, as despesas sumptuárias de Trajano, o restabelecimento das finanças do Império e os imensos trabalhos então efectuados em Óstia e em Roma. Este afluxo de metal precioso permitiu ainda a Trajano pôr fim a uma política de confiscações, como fora a de Domiciano.

A fronteira danubiana, que se mantivera calma no tempo de Adriano e Antonino, foi gravemente ameaçada com Marco Aurélio no poder, quando, em 167, uma invasão de Marcomanos e Quadas, duas nações germânicas associadas à dos Lombardos, forçou a fronteira do Nórico (a região dos Alpes Cárnicos) e se dirigiu para Aquileia. Esta invasão foi contida, mas, em 169, enquanto a peste causava numerosas perdas entre os Romanos, os mesmos povos retomaram a ofensiva e, desta vez, chegaram às muralhas de Aquileia, onde provocaram grandes estragos. Assim, a própria Itália deixa de estar ao abrigo dos ataques vindos do norte.

A reacção de Marco Aurélio foi eficaz e os invasores tiveram de se submeter. O imperador tomou, por sua vez, a ofensiva e transpôs o Danúbio. A campanha foi dura. Foi preciso travar várias batalhas. Numa delas, o exército romano foi salvo por um milagre: os deuses provocaram uma violenta tempestade, que pôs termo a uma longa seca e deu finalmente de beber aos soldados. Quadas e Marcomanos, desencorajados, pediram a paz. Foi-lhes concedida, mediante várias condições, destinadas a impedi-los de reabrir as hostilidades. Criou-se então, entre o Império e os povos instalados para lá do Danúbio, no alto do vale, uma situação de facto, na qual as relações eram mantidas pelo comércio e por idas e vindas frequentes entre os territórios, controladas por postos militares. A atracção da civilização romana parece ter sido forte para os Bárbaros. É assim que vemos um desses povos, os Astingi, pedir terras a Marco Aurélio. Foram instalados na Dácia. Outros elementos germânicos foram encaminhados para o interior do Império. Díon Cássio trouxe-nos a memória dos que, autorizados a permanecer na região de Ravena, acabaram por provocar tais distúrbios que Marco Aurélio teve de renunciar ao prosseguimento desta política de assimilação.

O Império Romano

As fronteiras orientais

No Oriente, os problemas que surgiam eram outros. No reinado de Nero haviam-se estabelecido muito boas relações com os Partos. Com Vespasiano, verificou-se um incidente que podia tê-las comprometido: o rei parto Vologese pediu ajuda a Roma contra um ataque dos «bárbaros» Alanos, povo de cavaleiros nómadas, a que os historiadores antigos chamam «Sitas». Vespasiano, por qualquer razão, recusou. Como represália, um exército de Partos invadiu as regiões fronteiriças da província da Síria. Foi rechaçado e reposta a paz.

Vespasiano, por outro lado, acabou com os reinos vassalos da Arménia menor (outrora confiada por Gaio a um príncipe seu amigo) e de Comagene, anexado por Tibério, mas restituído por Cláudio aos seus reis. Assim se criou, na Anatólia, um vasto conjunto de províncias que se estendia até ao Eufrates, o que tornava possível o estabelecimento de um *limes** capaz de proteger o Império contra a ameaça dos Partos. Neste ponto, como no Ocidente, o Império fecha-se sobre si mesmo, sem, no entanto, renunciar a retomar a sua expansão na primeira ocasião favorável. O *limes* é simultaneamente uma protecção e uma base de partida. Era esta a situação no início do reinado de Trajano. Este conhecia-a bem, desde o tempo em que servira nesta região, como tribuno militar, sob as ordens do pai. Uma vez terminadas as guerras dácicas, decidiu resolver, de uma vez para sempre, o problema dos Partos. Talvez tenha sido guiado pelo desejo de paz, mas esta paz não poderia ser adquirida enquanto subsistisse o reino inimigo. Ora, pela mesma altura, Tácito recordava, na *Germânia,* que o Destino de Roma queria que o Império se estendesse a todas as terras habitadas. Este sentimento, cuja importância na política imperial já realçámos, continuava, pois, presente nos espíritos. O reino dos Partos não era o último obstáculo que separava os países romanizados dos da Aurora, aqueles rumo aos quais Alexandre, cerca de cinco séculos atrás, se dirigia quando a morte o surpreendeu, em Babilónia? E Trajano não ignorava que este obstáculo podia ser superado, tão grandes eram as fraquezas do domínio dos Partos. Teve a impressão de que tudo se tornava possível. O que decerto explica que, em 105, tenha mandado ocupar a Nabatena, assim como a Decápole, situada a sudeste da província da Síria. Doravante, a Palestina encontrava-se ligada ao golfo de Akaba, o que facilitava o acesso ao Mar Vermelho, sem que fosse necessário dar a volta pelo Egipto. Era o esboço de um movimento que envolveria os países ocupados pelos Partos. Mas, nesse ano, produziu-se o ataque de Decébalo, e só em 113 começaram as hostilidades, preparadas por trabalhos destinados a facilitar as comunicações com a Índia. Estava tudo pronto para a conquista.

O Século dos Antoninos

O pretexto para a guerra foi a situação da Arménia, onde os Romanos, como de costume, haviam instalado um rei que lhes era desfavorável, mas que se recusou a reconhecer o rei parto Chosroés. Decorriam negociações sobre este ponto. Trajano interrompeu-as, e as operações começaram em 114. A Arménia foi ocupada muito facilmente. Trajano anexou-a.

A ofensiva recomeçou em 115, desta vez em direcção ao sul, ao longo do Eufrates. Foi criada uma nova província, chamada *Mesopotamia*. No fim do Verão de 116, Trajano encontrava-se em Babilónia. Mas a presença romana nesta cidade não durou muito. Os países tão facilmente conquistados revoltaram-se. É verdade que a rebelião foi rapidamente esmagada; mas, também se sabia que, pelo menos de momento, não se podia pensar em ocupar efectivamente e em manter territórios tão extensos. Era preciso retomar o sistema dos reis vassalos. Instalou-se um rei na Arménia e outro na Babilónia. O próprio Trajano partiu para Roma no início do Verão de 117, mas teve de se deter em Selinunte da Cilícia, onde morreu. A conquista do reino parto teria de ser adiada, mas o sonho permanecia. Adriano e Antonino recusaram-se a realizá-lo; mas, à sua volta, os «sofistas» celebravam a memória de Alexandre, que queriam ver como unificador da humanidade, exemplo sublime proposto aos imperadores romanos. Marco Aurélio, nos seus *Pensamentos,* alude aos conselheiros que persistiam em elogiar Filipe e Alexandre (*Pensamentos,* IX, 29).

Todavia, não foi por razões ideológicas, mas para defender o Império, que Marco Aurélio retomou a guerra contra os Partos que, desta vez durante o reinado de Vologese III, atacaram o Império, simultaneamente na Arménia e na Síria, obtendo, de início, vitórias esmagadoras. A reacção do imperador foi imediata e eficaz. Encarregou o «irmão» e associado Lúcio Vero de coordenar uma tripla ofensiva, uma contra a Arménia, outra contra a Síria (em direcção a leste) e, por fim, uma terceira, que devia partir da Arménia, através de Adiabenes e Atropatenes (a parte mais elevada do vale do Tigre e as terras vizinhas do Mar Cáspio), tomando de assalto o reino inimigo. As cidades dos Partos caíram uma a uma e Avídio Cássio, encarregado da coluna que partira da Síria, reocupou a Babilónia. Na Primavera de 166 estava terminada a guerra, sem que Marco Aurélio tivesse de sair de Roma. O comando geral dos exércitos do Oriente foi entregue a Avídio Cássio, que, em 175, tentaria revoltar-se contra o imperador, e não tardou a morrer. Talvez tivesse sido incumbido de prosseguir a conquista.

O Império Romano

Os factores de unidade

No resto do Império, isto é, na sua maior parte, durante todo este longo século, a vida «à romana» nunca foi perturbada. Constroem-se um pouco por toda a parte edifícios característicos do urbanismo romano: basílicas, teatros, templos. A vida municipal desenvolve-se, criando nas cidades de direito latino (cada vez mais numerosas) novos cidadãos de pleno direito entre os notáveis que ascenderam às honras municipais. Este movimento é sensível um pouco por toda a parte. Em primeiro lugar em Espanha, onde vivem os descendentes dos colonos instalados neste país depois da conquista, como já dissemos. Dali virão Trajano, Adriano, Marco Aurélio, cujo pai contava entre os antepassados um Espanhol de Uccubis (na Andaluzia). A Gália também integra cada vez mais as suas elites no Império. A mãe de Marco Aurélio descendia de Domício Afer, um retórico gaulês de Nîmes. O movimento é irresistível. Prova a unidade espiritual e cultural do mundo romano.

Como vimos, a unidade em causa não estava comprometida pelo facto de metade do mundo ser de língua grega, e a outra de língua latina. Esta diferença das línguas não cria um fosso entre os dois domínios. Paradoxalmente, aproxima-os. Recordemos que o grego é, nas famílias da aristocracia, a língua de infância. O jovem Romano desde muito cedo que lê as obras do helenismo, Homero antes de Virgílio. As fábulas do jovem poeta que descobre, as que lhe são contadas, sobre os heróis e os deuses, pela ama e pelo pedagogo, ambos gregos, são as mesmas que alimentam os jovens Atenienses e que servem para ilustrar as grandes ideias morais da *paideia*. Hércules, Aquiles, Páris, são, para os adolescentes romanos, figuras familiares. Horácio, escrevendo a um dos seus jovens amigos que «declama», retirado no campo, cita-lhos como exemplos úteis à vida moral. Quando começa o principado, é no mesmo mundo imaginário que mergulham os espíritos, na Grécia e em Roma. Este mundo está sempre presente, na literatura e na decoração das casas, nas pinturas que ornamentam as paredes e cujos temas se inspiram na mitologia. Esta impregnação cultural começara pelo menos dois séculos antes do tempo de Augusto. Não devemos dizer que os Romanos «copiaram» os Gregos, mas que, neles e por eles, o helenismo continuara a viver, retomara um vigor que parecia fazer-lhe falta depois do florescimento dos séculos V e IV. O domínio em que esta simbiose é mais particularmente fecunda é a retórica.

A retórica, como dissemos, e tanto na Grécia como em Roma, tornara-se o instrumento por excelência da educação e da cultura. Forma o espírito das elites. Assim, os retóricos, tanto latinos como gregos, são bem recebidos em Roma. Quintiliano, vindo de Espanha, recebe um

O Século dos Antoninos

salário de Vespasiano para ensinar a arte de falar. Mas este mesmo Vespasiano mostrara-se deliberadamente hostil aos filósofos, numerosos em Roma, a quem não faltavam auditores, mas a título privado. A filosofia tinha má reputação, desde o tempo em que inspirava aos notáveis um espírito de resistência e de livre pensamento susceptível de ser prejudicial ao poder. Como seria de esperar, esta suspeição, na qual se inspirava a filosofia do imperador, teve por efeito alargar o eco do ensino dos mestres vindos do Oriente. Surgiam como defensores da liberdade e adversários naturais da tirania. Assim, com a morte de Domiciano, e a subida ao poder dos «bons imperadores», assiste-se a uma reconciliação da filosofia e do poder. Os «sofistas» podem fazer-se ouvir. Trajano tem por amigo Díon de Prusa (Crisóstomo); Adriano fundará, em Atenas, quatro cátedras de filosofia, uma para cada uma das escolas tradicionais (Academia*, Liceu*, Epicurismo, Estoicismo) e Marco Aurélio filosofará por sua própria conta. Assim se desenvolve progressivamente e se afirma, de facto, a unidade espiritual do Império. As duas metades do mundo tendem a pensar da mesma maneira.

A segunda sofística

Esta emergência, entre os aristocratas romanos, do pensamento dos sofistas gera consequências importantes para a ideologia imperial e para a ideia que os Romanos formam de si mesmos. No Oriente, os «sofistas» gozam de um grande prestígio na sua cidade, onde lhes são muitas vezes confiados os assuntos públicos. Em particular, são os intermediários naturais entre os seus concidadãos, de língua grega, e os «senhores» romanos, que os encorajam a apoiam na autoridade moral e no prestígio que a eloquência lhes confere. São amigos dos governadores e vão muitas vezes a Roma em embaixada por conta da cidade. Em Roma, são recebidos com honra e integram-se facilmente na mais elevada aristocracia. Alguns deles fazem carreira como advogados, ou exercem magistraturas. Orgulhosos do passado do helenismo, sentem-se atraídos pelo de Roma. Estabelecem uma comparação entre o «fenómeno romano» e o «fenómeno grego». É assim que Plutarco, nascido no reinado de Cláudio, por volta de 44 d. C., escreve *Vidas Paralelas*, comparando a personalidade e as actividades dos «grandes homens» da Grécia à de Roma. Comparação que só tem sentido se assentar na ideia de que em ambos os domínios se aplicam os mesmos valores, de que existe uma excelência humana universalmente válida. Em filosofia, Plutarco reclama-se do platonismo. Admite, portanto, o carácter absoluto do Belo e do Bem, que não pertencem a esta ou àquela cidade, mas ao ser humano em si.

O Império Romano

Este sentimento, unanimemente admitido pelas escolas saídas da «revolução socrática», encontra-se nos escritos e nos discursos dos «sofistas», que se esforçam por justificar tanto a ideologia romana como a do helenismo. É assim que Díon de Prusa expõe, num primeiro discurso, uma teoria da monarquia ideal, indo buscar os seus argumentos à tradição homérica (como já fizera o epicurista* Filodemo no tempo de César, segundo dissemos) e depois, num outro, elogia as virtudes camponesas, retomando assim um tema tipicamente romano, nunca renegado desde Catão, o Censor. As duas tradições confluem e apoiam-se mutuamente.

Estes sofistas admiram verdadeiramente Roma. O que eles dizem não decorre da simples lisonja. O sucesso material surpreende-os. O império é um fenómeno único. Os reinos helenísticos nunca haviam realizado nada de semelhante, e ainda menos as cidades da idade clássica. Assim, quando elogiam o poder romano, são sinceros, como o foi Políbio que, no tempo dos Cipiões, se interrogava sobre as causas do seu sucesso. Este sucesso afigura-se-lhes uma etapa da transformação humana, um meio, para a divindade, de realizar o triunfo definitivo do helenismo. Esta ideia, há muito presente, e como em germe entre os escritores e os pensadores, do parentesco profundo que existe entre os Romanos e os Gregos, unidos num mesmo destino, afirmar-se-á vigorosamente doravante. Vemo-la, por exemplo, nos discursos oficiais proferidos pelo sofista Élio Aristides, no elogio de Atenas no tempo de Antonino, e no elogio de Roma no de Marco Aurélio. As duas civilizações são apresentadas como complementares. Atenas, diz Aristides, inventou tudo, excepto uma arte, que os Romanos descobriram, a de «mandar», isto é, de criar uma ordem, de estabelecer relações estáveis e racionais entre as cidades e os povos. Só Roma pode realizar o ideal a que aspiravam os Gregos no tempo de Isócrates e de Alexandre, o mito de uma pátria universal, onde reinariam os valores do helenismo. Tais propósitos só poderiam seduzir os meios dirigentes romanos, que não haviam renunciado ao velho sonho de alargar o *imperium* aos limites do mundo habitado.

O peso e a força do passado

O que não significava, de modo nenhum, que estes mesmos Romanos estivessem dispostos a renunciar às suas tradições, à sua originalidade histórica e moral, em suma, a helenizar-se. Sabemos, por Juvenal, entre outros, que, no tempo dos Flávios ainda existia uma hostilidade nítida em relação aos «pequenos Gregos» que se introduziam por todo o lado e invadiam Roma. Não era novo. Sem chegar a evocar a atitude de Catão o Censor, que recusava sistematicamente os «costumes

O Século dos Antoninos

gregos», recordemos que Plauto também caricaturou estes Orientais ambiciosos. As diferenças entre o Ocidente e o Oriente não estão totalmente apagadas. Mas, se os confrontos provocados pela mesquinhez da vida quotidiana e pelas rivalidades entre clientelas são menos violentos do que no passado, os Romanos da velha guarda e os que vieram das províncias* há muito romanizadas conservam o sentimento de uma superioridade moral, que lhes deve assegurar a preeminência no Império.

A superioridade política de Roma deve-se, como então se pensa, à sua fidelidade aos princípios de sempre, e verifica-se, durante todo o século dos Antoninos, uma aspiração evidente, entre os escritores e os pensadores de língua latina, de dar vida às coisas do passado nacional. Assim se explica, por exemplo, a paixão pelas obras literárias anteriores à idade clássica, que, na escola, se prefira Énio a Virgílio, que os cidadãos se interroguem sobre os velhos termos e os antigos costumes, como se vê em *Noites Áticas* de Aulo-Gelle e na *Correspondência* de Frontão. Este não se cansa de aconselhar Marco Aurélio a pensar e a falar «em Romano». Só a este preço o Império se salva.

Sejam quais forem as diferenças introduzidas na vida política, desde o fim da República e mesmo no início do principado, as estruturas do Estado continuam, no essencial e nas palavras, as de sempre. É verdade que o príncipe é senhor absoluto; mas exerce o poder de uma maneira semelhante à do passado, contribuindo o vocabulário utilizado para dar a impressão de que tudo permanece imutável.

O Senado

O Senado persiste e continua a fornecer uma parte não desprezível dos quadros da administração, os magistrados, depois os questores, até aos governadores das províncias senatoriais. Composto por homens que devem ao imperador a sua elevação aos graus sucessivos do *cursus*, não pode dar provas de independência, mas pode inflectir a vontade do príncipe e, sobretudo, o seu papel social continua a revelar-se essencial. Reúne o que a sociedade romana tem de mais elevado. Nada fechado sobre si mesmo, recebe as elites provinciais. É, por excelência, a sede da romanidade. Um senador recentemente chamado à cúria* mostrar-se-á mais conservador do que os colegas pertencentes a famílias antigas.

Os senadores formam uma ordem (*ordo senatorius**), dotada de um estatuto jurídico particular, sujeito a obrigações precisas. A primeira é a posse de um capital de um milhão de sestércios (desde o tempo de Augusto), constituído por domínios situados em Itália, pelo menos no início do principado. Aos poucos, foi-se admitindo que seriam tomadas em conta propriedades situadas nas províncias, mas apenas em parte:

dois terços no tempo de Trajano, três quartos no de Marco Aurélio. Em princípio, os senadores têm o seu domicílio em Roma. Não podem sair da Cidade sem autorização, excepto para ir a Itália, à Sicília ou à Gália Narbonense; mas a ausência tem de ser temporária. É verdade que esta regulamentação se foi tornando cada vez menos estrita à medida que as personalidades originárias de províncias mais longínquas eram chamadas a entrar no Senado. A Cidade é o centro do poder. A sua preeminência no Império não pode ser contestada. Quando o for, durante as perturbações do século III, começará o tempo da decadência.

A ordem equestre

A existência da ordem senatorial (pelo menos no seu princípio, a constituição de uma assembleia dos Pais) é uma herança da *Libertas**. Acontece o mesmo com a ordem dos cavaleiros, segunda na dignidade do Estado. Outrora rivais dos senadores, no fim da República, os cavaleiros desempenhavam, então, um papel muito secundário na vida política; mas a sua importância económica (tinham nas mãos todos os grandes negócios, comerciais e bancários, interditos aos senadores) aumentara desde que as províncias se juntavam às províncias. Augusto, como dissemos, recorrera a alguns deles para o ajudarem a administrar o Império, reduzindo a intervenção dos magistrados de categoria senatorial. Muito rapidamente, os cavaleiros também se constituíram numa ordem. Para ser membro, era preciso possuir uma fortuna de pelo menos 400 000 sestércios; mas é o imperador que designa os jovens que dela virão a fazer parte. Devem começar por cumprir um período de serviço militar (como, de resto, os futuros senadores). Usam, como insígnia, uma túnica rematada por uma estreita faixa cor de púrpura (angusticlave), para além do tradicional anel de ouro. Os jovens senadores, por seu lado, usam uma túnica cuja faixa de púrpura é larga (laticlave). Depois, terminada a «milícia», os cavaleiros entram na hierarquia das procuratelas, que forma um verdadeiro *cursus*, segundo o tratamento atribuído a cada uma delas.

A partir de Adriano, os procuradores da categoria equestre (distintos dos libertos do imperador, encarregados de certas missões) são cada vez mais numerosos, a ponto de constituírem um corpo de funcionários sob a dependência directa das instâncias administrativas do imperador, em vez de uma ordem integrada no conjunto da sociedade. O poder do príncipe molda-a e endurece as suas estruturas, ainda sem erigir obstáculos à sua mobilidade; mas começa a perfilar-se a sociedade bloqueada do século IV. No tempo de Adriano, os jovens cavaleiros já não estão sujeitos à obrigação de constituir milícias, medida que tem por efeito colocá-los à parte no conjunto da cidade.

O Século dos Antoninos

Uma hierarquia de benefícios

Esta hierarquia, herdada, na sua forma, da que instituíra, no século VI a. C., a constituição serviana*, sistematizava, pelo menos aparentemente, a estrutura censitária tradicional. Desde os tempos mais remotos, as responsabilidades eram assumidas pelos cidadãos que os respectivos recursos designavam como verdadeiros chefes de clãs, os Pais, rodeados pelos familiares, mas também pelos clientes, para quem eram «como pais» (*patroni*). Este princípio, válido em Roma, regia igualmente cidades provinciais, tanto no Ocidente como no Oriente, fossem quais fossem as diferenças, de resto variáveis, que subsistiam nas instituições municipais das cidades. Mesmo encontrando, aqui e ali, cidades gregas onde sobreviviam alguns vestígios de democracia (obviamente sem a participação dos escravos e dos estrangeiros domiciliados, os metecos), a preponderância da aristocracia, isto é, dos mais ricos, é geral. A *boulé* – equivalente do Senado – dirige, de facto, a vida municipal, assembleia «popular», a *ecclesia*, limitando-se a homologar as propostas de decreto.

No Ocidente, as instituições de cada cidade eram semelhantes às da Roma republicana: ao Senado correspondia o conselho dos decuriões, e, aos cônsules*, diúnviros que, todos os cinco anos, eram encarregados das funções que, em Roma, competiam outrora aos censores. Os magistrados são eleitos pelo conjunto dos cidadãos. Estas eleições dão lugar a vivas competições, mais entre os grupos que os apoiam do que entre os próprios candidatos. Os magistrados só podem ser personalidades eminentes da pequena cidade, suficientemente ricos para enfrentarem as despesas decorrentes das «honras» e, em primeiro lugar, para fazerem à comunidade a dádiva de uma quantia, a *summa honoraria,* que é o agradecimento do eleito aos eleitores. São os membros desta aristocracia de facto que contribuem para todas as despesas mais ou menos sumptuárias da pequena cidade: construção de monumentos, edificação de estátuas para decorar o fórum local ou para honrar um imperador cujo reinado se inicia. O valor supremo é a glória, ou, pelo menos, a notoriedade. De vez em quando, em determinadas ocasiões, um notável oferece a todos os concidadãos um banquete público, muitas vezes acompanhado de uma distribuição de dinheiro. Muitas inscrições conservaram a memória destes actos de generosidade, deste «evergetismo» praticado em todas as regiões do Império. A própria ideia de poder é inseparável da de «beneficência».

O benfeitor supremo é o imperador, como, no mundo helenístico, este papel era o do rei. Portanto, assim como os benfeitores por excelência são os deuses, também o imperador acabará por ser divinizado em vida, primeiro no Ocidente, junto da deusa Roma, depois abertamente, e em seu único nome, nas cidades do Oriente. Mas é menos a pessoa viva do imperador que se torna objecto de culto do que a força mística que representa, a que os senadores haviam reconhecido ao vencedor do Áccio, quando lhe conferiram o nome de *Augustus*. Assim, os primeiros templos construídos dentro deste espírito são-no para invocação de Roma e Augusto, os dois *numina,* as duas potências místicas assim associadas unindo o ser de Roma, do seu *imperium,* já então reconhecido como divino – como dissemos – desde o século II a. C., e a eficácia religiosa do *Augustus*.

O Império, no seu conjunto, pode, portanto, ser apresentado como uma pirâmide de «protectores», de «pais», que vão desde os notáveis locais até ao príncipe. Já Séneca, no fim da vida, mostrara que, em todo o universo, o verdadeiro laço entre os seres eram os «benefícios» que prestavam uns aos outros e o reconhecimento recíproco assim gerado. Trata-se de uma lei da natureza, sobre a qual haviam meditado filósofos de todas as escolas, tanto os epicuristas, que faziam da amizade (considerada como troca de serviços) um dos fundamentos da vida social, como os estóicos, que davam a cada um como regra ser útil aos outros homens. Nesta perspectiva, o Império podia surgir como o mais «filosófico» dos regimes políticos imagináveis, um regime que se podia considerar razoável e que, pelo menos em princípio, não dava origem a violências. Mas, ao mesmo tempo, esta monarquia baseada no *beneficium* não contrariava as tradições morais mais enraizadas da mentalidade romana.

Permanência e vitalidade do direito

Se é verdade que a instituição imperial se desenvolve mantendo-se fiel àquela, não surpreenderá a importância adquirida pelo direito e pelos juristas no tempo dos Antoninos. É verdade que o estudo do direito sempre fora praticado, desde o tempo da *Libertas*,* e era essencial para os futuros magistrados, que em inúmeras ocasiões funcionariam como juízes. Mas Cícero lamentava que estes estudos não dessem origem a nenhuma ordenação dos princípios ou das diferentes jurisprudências. O direito ainda é, no fim da República, uma espécie de actividade artesanal, exercida pelos «prudentes» de maneira empírica. Esta prática apresentava, aos olhos dos Romanos, a considerável vantagem de submeter cada caso particular ao julgamento de um árbitro, de não aplicar automaticamente uma regra abstracta. Havia então a ideia de que «o direito absoluto é a injustiça absoluta» (*summum ius, summa iniuria*). Nada que se assemelhasse ao intelectualismo mutilador de um sistema deduzido de

O Século dos Antoninos

princípios *a priori*. Roma nunca foi a República de Platão. Contudo, é verdade que o conhecimento dos textos, das leis de diversas naturezas votadas pelas assembleias populares e pela dos precedentes exigiam um longo esforço de memória que não se podia pedir a todos os magistrados. O que dera origem a escolas de especialistas que se haviam esforçado por classificar e ordenar o conjunto dos dados herdados da tradição. Consoante as suas tendências, os jurisconsultos ensinavam os alunos que deviam segui-la, ou então modificá-la, inová-la, adaptando as regras de outrora às novas condições.

Todos os magistrados que possuíssem o *imperium* tinham o direito, como dissemos, de promulgar edictos. Era o que acontecia, naturalmente, com os pretores* que, ao iniciarem o cargo, enunciavam oficialmente as regras que seguiriam na administração da Justiça. Na prática, este edicto era retomado todos os anos, sofrendo poucas modificações. Mas também é verdade que não deixava de ser uma fonte de possíveis falhas para o bom funcionamento da instituição judiciária. Adriano quis que o edicto do pretor se tornasse imutável, fixado de uma vez para sempre. Encarregou um jurisconsulto, Juliano, de redigir este novo edicto, que constituiu o esboço de um Código, que só verá a luz do dia bem mais tarde, com os imperadores bizantinos. Mas o edicto perpétuo, desejado por Adriano, não consagrava a esclerose do direito romano. Este continuava a viver e a evoluir, mas num contexto diferente, o conselho do príncipe, que compreendia os jurisconsultos mais sábios e ajudava o imperador no seu papel de legislador. Graças ao *Digeste**, podemos formar uma ideia da intensa actividade destes juristas cujas ideias moldavam progressivamente a sociedade, em Roma e nas províncias. Os problemas submetidos ao conselho tanto são de ordem pública como de ordem privada. Trata-se, por exemplo, de determinar a escolha de tutores para os impúberes, ou de regras a observar pelos serviços da anona (o abastecimento), ou ainda da regulamentação dos Jogos* nas cidades provinciais. A «Providência» do Imperador estende-se a todos os domínios, a todas as pessoas.

A legislação que se liberta deste conjunto de textos tem visivelmente a intenção de manter a hierarquia social, e admite que os cidadãos não são todos iguais em direitos. É no tempo dos Antoninos que surge a distinção entre *honestiores* e *humiliores*. Os segundos são «gente do povo», que ocupa um lugar pouco importante na sociedade. Os primeiros são, pelo contrário, os notáveis, os «grandes», em Roma e nas cidades provinciais. Em caso de falta cometida, o castigo não é o mesmo para todos. É mais severo para os *humiliores*. Se, por exemplo, os *honestiores* são punidos com uma pena de exílio, os «humildes» são-no com a pena capital. Esta distinção, susceptível de escandalizar os modernos, decorre da distinção tradicional em Roma entre direito estrito e equidade. O «notável» condenado fica desonrado, perde a sua situação na cidade. O *humilior,* por outro lado, é, de certo modo, invulnerável neste aspecto. Para o castigar, bastará atingi-lo na sua pessoa.

Os escravos

Em direito estrito, os escravos são «uma coisa» do amo, que dispõe de todos os direitos sobre eles, de todo o poder, como sobre todos os objectos de que é proprietário. O escravo pode ser vendido, não pode ter mulher nem filhos legítimos. São estes os princípios; mas a evolução dos costumes rapidamente os amenizou. Assim, um amo que abandonar um escravo velho e doente perde todos os direitos sobre ele. O homem torna-se livre. Progressivamente, emerge o que os juristas chamam um *ius gentium,* um direito não escrito, que abrange todos os seres humanos, seja qual for a sociedade a que pertençam. Trata-se de um verdadeiro direito natural, que intervém quando o direito formal atinge os seus limites. Não nos convençamos de que esta noção foi inspirada pelos filósofos. Estes limitaram-se a ajudar a precisar e clarificar práticas muito antigas, que surgem sob a forma de ritos destinados a regular as relações da cidade romana com os outros grupos humanos, como os ritos que rodeiam as declarações de guerra e que formam, em si mesmos, um direito particular, o *ius fetiale**, que deve ser observado para que a guerra seja «justa», legítima e, portanto, aprovada pelas divindades. Esta necessidade de estabelecer regras que escapem ao arbitrário, de discernir ou de estabelecer uma ordem no real, é uma exigência profunda do espírito romano. Manifesta-se tão vigorosamente no tempo dos Antoninos como no do velho rei Numa. Este lento trabalho que se produz e que tem por objecto as realidades da vida social é um dos contributos essenciais do Império para a organização do mundo.

Outra tendência tinha também o efeito de apagar, tanto quanto possível, a injustiça que a existência da condição servil constituía. Desde o fim da República, as libertações haviam-se multiplicado e os antigos escravos integravam-se sem dificuldade na sociedade. Ter sido escravo ou ter nascido de um pai antigo escravo não representava uma tara, mas uma «condição do Acaso». A escravatura surgia como uma necessidade económica, ou mesmo uma comodidade na vida quotidiana, não impedia de modo nenhum que se estabelecessem laços afectivos no interior da casa. E os libertos pertenciam à casa. Mantinham-se ligados ao antigo mestre por obrigações de serviço, o que aumentava o número de pessoas gravitando em torno dos «notáveis» e da sua clientela. Um pormenor de onomástica permite entrever o carácter específico desta dependência.

O Século dos Antoninos

Os libertos do príncipe, de facto, eram chamados *Augusti libertus* (liberto do Augusto), enquanto os escravos se chamavam *Caesaris servus* (escravos de César). Escravos, só do imperador dependiam como pessoa privada. Libertos, participavam na dimensão divina ou quase divina da casa sagrada. O que lhes conferia um prestígio particular e os habilitava a tratar de maneira semioficial os assuntos que o príncipe lhes confiava. O sistema durou até Cláudio, que associou intimamente a administração da sua casa à do Império. Depois, o papel dos libertos imperiais passou gradualmente a procuradores de categoria equestre.

Qual era a condição real dos escravos durante este período do Império? Estamos muito mal informados. Importa, sem dúvida, estabelecer uma distinção entre os escravos que trabalham em grandes domínios e os escravos domésticos, que viviam nas cidades e, pelo menos nas famílias de média importância, mantinham com os amos, mais próximos deles, relações pessoais. Os primeiros, pelo contrário, só tinham de tratar com intendentes e o seu grande número, numa mesma exploração, impunha que se mantivesse uma disciplina estrita. O perigo das revoltas dos servos surgira na Sicília e no Sul da Itália no fim da República. Mas parece ter sido menor durante o Império, quando, em vez de escravos, se utilizaram como mão-de-obra, nas imensas propriedades provinciais, colonos de condição livre, vivendo de maneira mais humana.

A economia do Império

Um quadro, mesmo rápido, da sociedade em Roma e no Império mostra que a posse de riquezas, ou a sua ausência, determinava a categoria de cada um. São os mais ricos que podem aspirar às honras, mas é também a eles que cabe o cumprimento de deveres que asseguram a estabilidade do sistema social. De onde vinham estas riquezas, e como se encontravam repartidas?

No conjunto do Império, a agricultura era a actividade fundamental, destinada a produzir não só o alimento quotidiano como também géneros que eram objecto de troca e cujo comércio se revelava frutuoso, tanto para os particulares como para o Estado. A primeira preocupação do poder, desde o século II a. C., consistia em assegurar o abastecimento de Roma, ao qual não bastava a magra produção cerealífera de uma Itália em que a terra era cada vez mais abandonada aos criadores de gado e cada vez menos reservada aos agricultores. O problema agudizara-se no fim da República. Fora preciso criar um serviço da anona (isto é, do abastecimento), que adquiriu, durante o Império, uma importância crescente. Duas províncias*, a África e o Egipto, eram, por excelência, celeiros do Império. A maior parte da sua produção era requisitada (o primeiro esboço do sistema fora criado na Sicília, há vários séculos) e paga a um preço fixado pela administração. Mas restava uma certa margem, que abastecia um mercado livre no qual permanecia possível a especulação, em benefício de negociantes que jogavam com as cotações. O ponto delicado do sistema era mais o transporte do que o abastecimento, fazendo-se aquele naturalmente por mar e encontrando-se sujeito a toda a espécie de contingências. Assim, foi necessário tomar disposições para favorecer os armadores, conceder-lhes privilégios fiscais, ter em conta a depreciação dos *stocks*, etc. De tudo isto decorriam interessantes fontes de rendimentos para os particulares.

A cultura do trigo já não era praticada em Itália, a não ser de forma acessória e apenas para satisfazer necessidades locais; mas os territórios mais fecundos, os que eram, também, mais fáceis de cultivar, por se encontrarem perto das cidades, tinham plantações de vinhas e oliveiras. Era o que acontecia, em particular, na Campânia, na Emília, na Gália Cisalpina e na Toscânia, nas planícies aluviais e nas encostas. A exploração de Pompeia e da sua região mostrou a forma que este tipo de exploração adquiria. Verdadeiras quintas, onde construções dedicadas às culturas se juntam às partes «burguesas», a residência dos amos. Acontece mesmo que as casas urbanas sejam ladeadas por partes rústicas: um celeiro, uma prensa, perto dos quais ainda se amontoam ânforas destinadas a guardar a colheita.

Este género de cultura generalizara-se no Ocidente, fora da Itália, na Gália, não só na Narbonense, mas até mesmo entre os Séquanos, que se tornaram produtores de vinho e, naturalmente, em Espanha. A província de África (aproximadamente a actual Tunísia) também não estava totalmente reservada à cultura do trigo. As vinhas e as oliveiras ocupavam o seu lugar, à medida que se desenvolviam as cidades. No tempo de Domiciano, a quantidade de vinho produzida no Ocidente tornou-se de tal ordem que os viticultores italianos já não conseguiam exportar o seu, a ponto de o imperador publicar um edicto proibindo o aumento, em Itália, das áreas reservadas à vinha e obrigando os produtores a arrancar metade dos pés de vinha existentes nas províncias. É pelo menos esta a interpretação que habitualmente se faz deste edicto, que deve ter tido por efeito manter a um nível suficiente elevado os rendimentos agrícolas das terras italianas, principal recurso dos membros da ordem senatorial.

As pesquisas marítimas, que se multiplicaram nos nossos tempos, mostraram que o vinho e o azeite eram objecto de um comércio muito activo de uma extremidade à outra do Mediterrâneo. Exportava-se vinho de qualidade de Itália para a África Ocidental, onde grandes espaços pertenciam ainda às tribos de Númidas, tradicionalmente pastores e

O Século dos Antoninos

nómadas. Além do vinho, entre os principais géneros trocados entre as províncias e Roma, cabia um lugar importante ao *garum,* um molho de peixe produzido nas pesqueiras de Espanha e condimento muito apreciado e utilizado na cozinha da época. Em Roma, existe mesmo um curioso testemunho que confirma o enorme volume deste comércio: são os cacos e os restos de ânforas que formam a colina do Testaccio, perto do Aventino; muitas destas ânforas serviram para transportar *garum!*

Entre Roma e as províncias orientais, o comércio incidia em mercadorias muito diferentes. Também havia vinho e azeite, mas o que afluía à Cidade eram sobretudo produtos de luxo, objectos fabricados por artífices sírios, egípcios ou naturais da Anatólia: móveis preciosos, tapeçarias, tecidos tingidos de púrpura (especialidade síria), sedas, tecidos de algodão, cuja matéria-prima provinha de países exteriores ao Império, dos confins da China ou da Índia, transportada em caravanas ou em barcos, ao longo do golfo Pérsico e do mar Vermelho. Importa ainda acrescentar as especiarias e os perfumes, de que se fazia grande consumo.

As moedas

A realização destas trocas era possibilitada pela existência de uma massa monetária considerável, compreendendo três espécies de moedas: de ouro, de prata e, enfim, de bronze. Só estas são cunhadas por conta do Senado, herdeiro do *aerarium Saturni,* o tesouro da cidade republicana. As outras moedas dependem do príncipe e só dele. Existem vestígios de tempos mais antigos, oficinas monetárias provinciais (a mais activa é a de Alexandria), mas obedecem a cunhagens imperiais. As minas pertencem ao príncipe, que possui, pois, um meio de agir eficazmente sobre o conjunto da economia. Mas as despesas que o tesouro do príncipe *(aerarium Caesaris)* tem de enfrentar são de tal ordem que, apesar da imensidade dos recursos de que dispõe, se tornou necessário, em diversos momentos, proceder a desvalorizações monetárias, essencialmente por diminuição do peso de metal precioso contido numa moeda. Procedeu--se a desvalorizações no tempo de Calígula e Nero, causadas, diz-se, pelo excesso de despesas feitas pelo príncipe. Depois, no reinado de Caracala, todo o sistema foi reorganizado, com a criação de uma nova moeda de prata, o *antoninianus,* um pouco mais pesada do que o tradicional dinheiro de prata, que permaneceu em circulação. O *antoninianus* desapareceu cerca de trinta anos depois da sua criação, e o peso das moedas de prata não cessou de diminuir. A cunhagem das moedas de cobre foi retirada ao Senado. Uma reorganização quase definitiva foi obra de Diocleciano, nos últimos anos do século III.

Os impostos

Desde o século II a. C. que a terra italiana deixara de estar sujeita ao imposto directo. Já o mesmo não acontecia nas províncias, onde as explorações agrícolas eram taxadas segundo critérios variáveis. Para estabelecer a base deste imposto, Augusto mandou proceder a recenseamentos, que constituíram um verdadeiro inventário do mundo romano.

O essencial dos recursos provenientes do imposto é fornecido por pagamentos indirectos referentes a transferências de propriedades: 1% sobre a venda em leilão (prática então corrente); 5% sobre o montante das heranças. Estes dois impostos alimentavam uma caixa especial, o *aerarium militare*, destinada a assegurar o orçamento dos exércitos. Além disso, existia um imposto de 4% sobre a venda de escravos, e outro de 5% sobre a sua libertação.

O transporte de mercadorias dava origem a diversas taxas, as *portoria* (ou «direito de passagem»), cobradas em diversos pontos, nas estradas, nos limites das províncias ou das cidades.

O produto desta fiscalidade avassaladora era, no tempo de Augusto, distribuído (desigualmente) pelo tesouro administrado pelo Senado, pelo *aerarium Saturni* e pelo tesouro do príncipe. Mas uma irresistível evolução conduziu à diminuição da importância do primeiro e, no fim do século III da nossa era, o tesouro de Saturno não abrangia mais do que as finanças da cidade de Roma. As do Império decorriam do «fisco». O príncipe e as suas instâncias administrativas, geridas por procuradores, tornam-se os verdadeiros senhores da economia. As sociedades de publicanos que, outrora, fixavam a cobrança dos impostos e daí retiravam grandes benefícios, à custa do Estado, desapareciam progressivamente. Em meados do século II d. C., desempenham um papel insignificante. Daí decorre que os cavaleiros, que outrora animavam estas sociedades, se encontram agora privados desta fonte de rendimentos. Mais uma razão para estar ao serviço do príncipe e seguir uma carreira procuratoriana. Roma encaminha-se para uma sociedade de funcionários.

As despesas do príncipe

Os rendimentos do imperador tendem, de reinado em reinado, a tornar-se cada vez mais consideráveis. Por outro lado, é sobre ele que recaem as principais despesas do Estado: soldo dos exércitos, liberalidades «excepcionais» aos soldados, manutenção das duas frotas que garantem a segurança dos mares. A partir dos Flavianos, são os príncipes que empreendem um esforço de urbanismo ignorado desde os

O Século dos Antoninos

tempos de Agripa. No tempo dos Júlio-Claudianos, os imperadores construíam para si mesmos. Tibério e a sua residência no Palatino, Nero edificando a sua Casa de Ouro e ocupando uma grande parte do solo urbano. Vespasiano, pelo contrário, criou um Fórum não muito longe do de Augusto. Domiciano construiu outro, oferecido a Nerva, depois da morte do «tirano». Trajano prosseguiu esta série de *fora* imperiais confiando ao arquitecto Apolodoro de Damasco a tarefa de edificar um imenso complexo, no meio do qual ainda hoje se ergue a célebre coluna em que estão representados os episódios das guerras dácicas. A este Fórum junta-se um imenso mercado, em dois terraços, onde se encontravam instalados serviços administrativos. Ali se praticavam lado a lado o comércio livre e o comércio de Estado.

A nova cidade

Outro monumento público celebrizado para sempre, o Coliseu, é característico deste novo urbanismo. Começado por Vespasiano, e dedicado por Tito, em 80, só foi verdadeiramente acabado por Domiciano. A vida urbana vê-se, assim, dotada de um quadro grandioso, que até então não conhecera. O anfiteatro é o local dos Jogos* sangrentos: combates de gladiadores, depois de homens e animais, de animais entre si (*venationes*). Os primeiros, forma evoluída de sacrifícios humanos, não pertencem à tradição propriamente romana, mas aos Oscos (da Campânia). Em Roma, durante a República, estes Jogos, organizados para os funerais dos grandes senhores, realizavam-se no Fórum. O primeiro anfiteatro de pedra, na cidade, foi construído, no tempo de Augusto, por T. Estatílio Tauro. Há mais de um século que Pompeia possuía um. O anfiteatro de Estatílio Tauro fora destruído pelo incêndio de Nero, em 64. Qual a razão desta decisão de Vespasiano, substituindo--o por um edifício que seria o maior do mundo? Em primeiro lugar, sem dúvida, o desejo de restituir «ao povo» o espaço usurpado por Nero para construir a sua residência privada. No mesmo espaço, Tito construía Termas, quadro do lazer por excelência. Coliseu e Termas são complementares. São locais de reunião. Desde que o povo já não desempenhava nenhum papel na vida política, era necessário pensar em novos locais, diferentes do antigo Campo de Marte, onde os quirites* tomassem consciência da sua existência colectiva, como membros de uma cidade. Já no tempo de Cícero os Jogos organizados no teatro constituíam uma ocasião, posta à disposição do público, de se manifestar por este ou por aquele, de pesar sobre as decisões dos poderosos. Durante a monarquia flaviana, o urbanismo fornece, efectivamente, os instrumentos que permitirão aos cidadãos, agora súbditos, participar em «grandes acontecimentos» – que os Jogos são – e transmitir a sua gratidão àquele que lhes proporciona estes prazeres, o príncipe que, no seu camarote imperial, finge ser um espectador como os outros, quando, toda a gente o sabe, é o verdadeiro encenador do espectáculo que se desenvolve na arena e de tudo o que, ao mesmo tempo, se produz numa outra arena infinitamente mais vasta, o «círculo do mundo» (*orbis terrarum*) submetido ao seu *imperium*. Os epigramas de Marcial, compostos por ocasião destes Jogos, não decorrem de um espírito cortesão. Respondem a um sentimento profundo, que devemos ter em conta se quisermos compreender a maneira como os contemporâneos do poeta sentiam o significado político e cósmico da monarquia imperial. Com o Coliseu surge, e afirma-se, a concepção do imperador *cosmocrator*, que triunfará no tempo do Império Bizantino. Ver em tudo isto apenas o símbolo sangrento da crueldade e da cobardia humanas decorre de uma visão algo curta da História.

Capítulo VI
AS PERTURBAÇÕES DE UM SÉCULO

Quando Cómodo morreu, assassinado por instigação da amante, Márcia, no último dia do ano 192, chegava ao fim um século «feliz», embora Roma, ao longo dos noventa e seis anos decorridos depois da morte de Domiciano – de «tirano» em tirano –, tivesse vivido isenta de males e apenas conhecesse a paz; mas nenhuma das mudanças de reinado, durante este longo período, gerara uma crise grave ou pusera verdadeiramente em perigo a unidade do Império.

À procura de um príncipe

Tudo muda com o desaparecimento do filho de Marco Aurélio. Bruscamente, surgem numerosos sucessores, mais por falta de critério de escolha do que por uma súbita proliferação de candidatos. Os assassinos de Cómodo confiam o poder ao prefeito da Cidade, P. Hélvio Pertinax. É a solução legal, já que o prefeito deve assegurar as tarefas do imperador na sua ausência. Os pretorianos começam por aceitar esta solução, que também recebeu a aprovação do Senado. Duas das condições que outrora haviam bastado para decidir a sucessão encontravam-se, pois, preenchidas. Mas Pertinax não tinha carisma imperial. Era filho de um liberto e não o uniam laços familiares ao seu predecessor. Em breve se tornou evidente que os deuses não o protegiam. Por ocasião de um sacrifício, no palácio imperial, a vítima apresentou os preságios mais desfavoráveis possíveis: ausência de coração e dos lobos superiores do fígado. De resto, ele próprio odiava o cerimonial da corte e todos os deveres decorrentes da condição imperial. Contraste que não podia deixar de ser vivamente sentido, perante as honras divinas de que se rodeara Cómodo, que se apresentava como um novo Hércules. Desdenhando a *aura* divina, e recusando-se ao mesmo tempo a permitir aos pretorianos as liberdades de que até então gozavam, foi assassinado a 28 de Março, certamente por instigação do prefeito do pretório. Nem os deuses nem os soldados o haviam querido como imperador.

O poder imperial estava vago. Foi a leilão, por obra dos pretorianos. Estes já haviam proclamado imperador o prefeito da Cidade, Sulpiciano, sogro do defunto Pertinax, quando Juliano, um legado de Cómodo, se apresentou no campo e, encontrando as portas fechadas, se dirigiu aos soldados por cima do muro. Prometeu-lhes um *donativum* de 25 000 sestércios por homem e comprometeu-se a honrar a memória de Cómodo. Venceu. O Senado, sem entusiasmo, aprovou a decisão. Era já muito tarde. Três exércitos haviam dado ao Império cada um o seu chefe, o da Síria, C. Pescénio Niger, o da Bretanha, D. Clódio Albino, o da Panónia, L. Sétimo Severo. Revivia-se a situação de 69. Eclodiu a guerra entre os pretendentes. Severo começou por marchar sobre Roma. Nem os senadores nem os pretorianos podiam pensar em resistir. Abandonaram Juliano, que foi morto por um soldado, a 1 de Janeiro de 193.

Sétimo Severo

Neste momento, começa o reinado de Severo, que se apresenta como vingador e sucessor de Pertinax. Faltava eliminar Pescénio Niger, que dominava o Oriente, e neutralizar Albino, que se instalara na Bretanha e na Gália. Severo negociou com Albino, nomeou-o seu Caesar, isto é, seu lugar-tenente e sucessor, e depois partiu para o Oriente, onde acabou por vencer a resistência de Niger, que durou pelo menos um ano. Esta guerra conduziu Severo até junto dos Partos, que se haviam mostrado favoráveis a Niger. Uma vez resolvida esta «usurpação», que recordava a de Avídio Cássio no tempo de Marco Aurélio, Severo regressou a Roma, certamente no fim de 195 e, sem mais demoras, avançou contra Albino, que rompera a aliança (pouco sincera) com ele e, assumindo o título de Augusto, havia ocupado as Gálias. A batalha decisiva deu-se perto de Lião. Albino foi morto (Fevereiro de 197). Severo reinava sozinho. Mas não esperara pela vitória definitiva para se afirmar como imperador e se investir de uma legitimidade «sacra». Quando regressou a Roma depois da derrota de Niger, procedera a uma adopção «póstuma», que fazia dele o filho de Marco Aurélio, e, portanto, irmão de Cómodo e descendente dos imperadores que haviam sucedido a Nerva. As inscrições gravadas a partir deste momento compreendem todas esta longa sucessão de títulos, cujo significado político é óbvio. Cómodo fora abatido e o Senado aplaudira a sua morte, recusara-se a conceder-lhe as honras divinas, condenara a sua memória. Reabilitar Cómodo, apresentar-se como seu irmão, equivalia a humilhar o Senado, exaltar a divindade da dinastia, voltar a conferir à instituição imperial a dimensão sagrada que faltara aos «usurpadores». Cómodo fizera-se representar como Hércules. Dera o seu nome à própria Roma, que se tornara oficialmente *Colonia Commodiana,* o que o impunha, à maneira helenística, como um herói fundador.

Que deus na terra?

Sétimo Severo assumiu a personagem de Hércules, mas também se identificou com Júpiter Capitolino e com o *cosmocrator* Serápis, esse deus artificialmente criado na época helenística e que sintetizava a tradição osiriana e a religião de Dioniso*.

Até esse momento, as tradições religiosas propriamente romanas tinham sido suficientemente fortes para resistir a tentativas semelhantes, no tempo de Calígula e de Nero. Com a subida de Sétimo Severo ao poder, são forças místicas novas que se afirmam e prevalecem. O próprio imperador é originário de Leptis Magna, na Tripolitânia, e a família paterna é de cepa púnico-líbia. A família materna é de origem italiana, mas instalou-se em Leptis há várias gerações. Os deuses da sua pátria não são os de Roma, mas os do mundo púnico, vindos da Síria. E é na Síria que, com trinta e cinco anos de idade, quando comandava a IX legião* Cítica, casou com Júlia Domna, filha do sumo sacerdote do Sol, em Emeso, acontecimento de grandes consequências para a história do Império, pois deu origem à presença, no Palatino, de princesas sírias, a própria Júlia Domna e a irmã Júlia Maesa, cada uma delas destinada a dar dois imperadores a Roma, Júlia Domna os dois filhos que teve de Severo, Caracala e Geta, Maesa os dois netos, Elagabal e Severo Alexandre. Com este, morto num tumulto de soldados, na frente do Reno, a 18 de Março de 235, chegou ao fim a dinastia fictícia que Sétimo Severo queria ver prolongar a dos Antoninos, prosseguindo a sua felicidade.

A nova sociedade

Mas era evidente que o espírito do Império já não era o mesmo, que a continuidade das máximas de outrora, que os Antoninos se haviam esforçado por manter, se interrompera, embora o nome das instituições se mantivesse inalterável. O Senado subsistia, mas saíra enfraquecido da crise. Em primeiro lugar, devido à sua atitude, hostil a Cómodo, de quem os Severos agora se reclamavam, depois porque já quase não contava com membros da velha aristocracia italiana, incluindo cada vez mais provinciais, sobretudo Orientais que, a avaliar pelos cálculos dos modernos, constituíam mais de metade da assembleia. Um Senado como este não podia empenhar-se em manter os antigos valores romanos.

A ordem equestre continua a fornecer os quadros da administração, e o seu papel aumenta tanto mais quanto os senadores são cada vez menos chamados a desempenhar um papel activo. O número de procuradores aumenta em proporções consideráveis – mais de 30% durante o reinado dos Severos. A tendência não é nova; já se vislumbrava no tempo de Cómodo. Os cavaleiros são os instrumentos por excelência de um regime cada vez mais submetido à autoridade do imperador, exercida por intermédio das instâncias administrativas.

A terceira força do Império é o exército, que foi objecto de uma reorganização completa no tempo dos Severos. O primeiro começou a reinar suprimindo a guarda pretoriana tradicional, formada por soldados de origem italiana, e substituiu-a por tropas recrutadas nas províncias*, na Ilíria e na Trácia. O imperador recompensava, assim, os homens do exército do Danúbio, que o haviam guindado ao poder, e, ao mesmo tempo, constituía-se um exército de certo modo pessoal, reserva de manobra disponível para as futuras guerras e precaução contra possíveis revoltas militares. Entretanto, preocupa-se em integrar melhor os soldados na sociedade, aumentando-lhes o soldo e conferindo-lhes o direito de usar anel de ouro, o que os aproximava da ordem equestre e, privilégio particularmente apreciado, reconhecimento oficial das uniões que podiam formar durante o tempo de serviço, o que lhes dava o direito de viver fora do campo, em «cabanas» construídas para o efeito, com a mulher e os filhos. Assim se desenvolveram, em volta dos campos permanentes construídos ao longo das fronteiras, verdadeiras aldeias, algumas das quais formaram o núcleo de futuras cidades.

Uma vez eliminado o último «usurpador», Sétimo Severo, sozinho no poder, quis retomar, no exterior do Império, a política dos Antoninos e assegurar as províncias conquistadas pelos Partos. A ideia imperial não morreu. Importa mostrar que está mais viva do que nunca. Sétimo Severo tomou a ofensiva, para lá do Eufrates, em direcção à parte mais elevada do vale do Tigre, e depois dirigiu-se para a Babilónia, apoderando-se de Ctesifonte, de Seleucia e de Babilónia. Parecia ter regressado o tempo de Trajano e de Marco Aurélio. O imperador criou uma província da Babilónia.

Um novo século

Compreende-se, nestas condições, a celebração, em 204, de Jogos* Seculares, destinados a marcar o início de uma nova era. Os Jogos

As Perturbações de um Século

precedentes haviam sido celebrados em 88, por Domiciano. Segundo os cálculos mais habituais, os de Severo deveriam sê-lo em 198; mas, nesse ano, o imperador andava muito ocupado na Ásia. Só depois de regressar teve a possibilidade de preparar a cerimónia destinada a exaltar o seu reinado e o futuro da sua dinastia. Tudo começa, em 202, com festas que marcaram o décimo ano do seu reinado: distribuição de trigo, dez moedas de ouro a cada soldado da guarda; a despesa total elevou-se, diz-se, a 200 milhões de sestércios. Pela mesma altura, realizou-se o casamento de Caracala, o filho mais velho, com Plautila, filha de Plautiano, parente do imperador e, nesse momento, prefeito do pretório, para cúmulo da sorte. As festas foram magníficas, com Jogos no anfiteatro, onde foram mortas setecentas feras, vindas de todas as regiões do mundo. Nunca o domínio de Roma sobre o universo fora mais evidente. Em 203, Severo mandou erigir um estranho monumento, chamado *Septizonium* («os sete ciclos»), majestosa fachada colocada junto do Palatino, formada por uma colunata de sete nichos, cada uma delas consagrada a um dos sete planetas. No centro, erguia-se a estátua do imperador.

Sétimo Severo era um fervoroso adepto da astrologia desde a adolescência. Um astrólogo, em África, predissera o seu destino imperial e, na Síria, disse-se que casou com Júlia Domna porque estava escrito no destino desta que atingiria a realeza. O *Septizonium* proclama a sua fé. Imperador de Roma, era-o por vontade do Destino, que rege os corpos celestes. O movimento dos astros designava-o como *cosmocrator,* ainda com mais propriedade do que acontecera aos predecessores. Os Jogos de 204 proclamariam que o senhor do mundo, assim designado, estaria na origem de um período feliz para todo o universo, e destinado a perdurar. Do casamento de Plautila e Caracala esperava-se um filho, que deveria nascer em breve. Numa época em que se relia Virgílio, esta coincidência não podia deixar de se afigurar um sinal e uma promessa.

Sétimo Severo, chamado ao Império por uma sedição militar, assegurara progressivamente duas das condições que, no início do principado, faziam os imperadores: a vontade dos deuses, depois da dos soldados. Faltava apenas o assentimento de um Senado independente. Mas tal assembleia pertencia então ao passado. E, passado este início promissor, a dinastia dos Severos, talvez em grande parte, por não contar com a *auctoritas** dos Pais, não podia cumprir as esperanças nela depositadas, no início deste novo século, um dos menos felizes e menos gloriosos da história do Império.

Defender o Império

Contudo, Sétimo Severo não se poupou a esforços. Como fizera

Adriano e, em menor medida, Marco Aurélio, obrigou-se a viajar por todo o Império. Foi não só à Ásia, por diversas vezes, como ao Egipto, a África, que visitou em 203, antes de regressar a Roma, para os Jogos Seculares, mas também às províncias danubianas e, por fim, à Bretanha, onde a usurpação de Clódio Albino enfraquecera a presença romana. Os Caledónios haviam ultrapassado o *limes**. Sétimo Severo repeliu-os, e projectara prosseguir a ofensiva, mas morreu, de doença, no campo de Eburacum (York), a 9 de Fevereiro de 211.

Díon Cássio, um dos que testemunharam a sua vida, transmitiu-nos muitas das suas palavras, que nos informam sobre o seu pensamento profundo. Como esta recomendação aos filhos (Caracala e Geta): «Entendam-se bem, enriqueçam os soldados e desprezem todos os outros», conselho implicando que o fundamento do Império não é a concordância dos cidadãos em volta de um guia, mas a força das armas. Ao mesmo tempo, outro dito seu prova que não renunciara às ambições cósmicas desse mesmo Império. Olhando, pouco antes de morrer, a urna que deveria conter as suas cinzas, disse: «Conterás um homem que a terra inteira não pôde conter.»

Caracala

Muito rapidamente, o exercício do poder deu origem a sangrentas querelas e a intrigas de corte, nas quais não só o interesse do Estado foi sacrificado às ambições de uns e outros, como o próprio espírito da romanidade foi profundamente abalado.

Uma máxima antiga dizia que o poder não podia ser partilhado. Ora, Caracala e Geta, por vontade do pai, deviam reinar em conjunto. Um pouco mais de doze meses depois da subida comum ao poder, Caracala matou o irmão (diz-se que pelo seu próprio punho), na presença da mãe, Júlia Domna. Esta, aparentemente, não condenou o filho pelo crime, já que, nos anos que se seguiram, colaborou com ele e participou pessoalmente na administração do Império.

Durante os seis anos do seu reinado, Caracala prosseguiu a política doravante tradicional: proliferação das instâncias administrativas, os «gabinetes» do príncipe, larguezas aos soldados, mas também defesa das fronteiras e inspecção das províncias. Uma iniciativa, contudo, a que os historiadores modernos atribuem uma grande importância, a *Constitutio Antoniniana*, pela qual o imperador, sem dúvida desde 212, concedia a cidadania romana a todos os homens livres que vivessem no Império. O alcance exacto desta medida permanecia tão duvidoso quanto a intenção que o ditou. Trata-se de uma medida fiscal? Parece pouco provável. Ou de uma simplificação administrativa? Ou, como sugere

As Perturbações de um Século

um fragmento do papiro respeitante à *Constitutio,* pretende aumentar o número de fiéis que, na sua nova qualidade de cidadãos, honrem os deuses tradicionais de Roma? Mas sabemos actualmente que a mesma Constituição garantia aos novos cidadãos um estatuto jurídico particular, o que até então fora o seu no quadro do Império. Quase se pode falar de «dupla nacionalidade». Qual a razão deste estranho acto?

Esta ideia de que os habitantes do mundo podem pertencer a mais do que uma pátria não é, portanto, nova. Está subjacente ao estoicismo, mas encontramo-la, como um voto formulado por um escritor grego familiar ao «círculo» de Júlia Domna, Filóstrato, na sua *Vida de Apolónio de Tiana* (VI, 2). Deve ter estado presente em muitos espíritos desse tempo em que se multiplicam e expandem práticas religiosas e crenças de toda a ordem em redor do Mediterrâneo. Do mesmo modo que todas as divindades são «válidas» para todos os seres humanos, têm adoradores em Roma, em África, na Ásia, quer se trate de Cibeles, de Ísis* ou de divindades ainda mais estranhas, e que se torna não só crível mas desejável que todos os seres humanos se submetam às mesmas leis e formem uma só cidade. Se assim fosse, também teria sido, paradoxalmente, através deste fervilhar de crenças e ritos que se teria libertado a ideia da unidade, já não teórica mas efectiva do mundo. Em primeiro lugar, a do mundo divino, subjacente à multiplicidade das suas formas, e, a partir daí, a de todos os mortais.

Uma passagem da *História Augusta* parece confirmar esta hipótese. Diz-nos que Severo Alexandre, primo de Caracala e imperador entre 222 e 235, expusera na sua capela privada, ao lado dos imperadores divinizados, as imagens de Cristo, de Abraão, de Orfeu e de outras «almas divinas» (*Vida de Alex.,* XXIX, 2) e que lhe oferecia um sacrifício todas as manhãs. Revela-se aqui claramente a necessidade de tornar sensível a unidade espiritual do Império, tanto do passado como do presente. O princípio afirmado pela Constituição de Caracala era ilustrado pelo larário* de um príncipe que descrevemos como «bom imperador», justo e culto, e que contava entre as suas leituras favoritas a *República* de Platão, a de Cícero e, ainda deste, o tratado *Dos Deveres.* Alexandre Severo, que reinou de 222 a 235, sentiu com certeza necessidade de introduzir um pouco de ordem nas crenças e nas práticas da religião. Sucedeu, de facto, ao primo Elagabal (imperador entre 218 e 222), sacerdote hereditário de um deus de Emeso, chamado Ilaha Gabal, o Baal da montanha, que, uma vez imperador, não quisera renunciar ao sacerdócio. Foi sob o nome de Heliogabal, que um jogo de palavras grego transformara em Sol da Montanha, que reinou o antepenúltimo dos Severos. É verdade que Nero também se apresentara como um deus solar, mas de forma alusiva. Entre Elagabal e o seu deus a identificação

O Império Romano

é total e, em redor da sua pessoa divina, decidiu reunir os mais antigos e mais veneráveis dos cultos romanos. Pelo menos tentou fazê-lo, embora sem convencer, e as suas extravagâncias, durante algum tempo suportadas pelos Romanos, acabaram por provocar (ou justificar?) uma revolta dos pretorianos, que o mataram, no mês de Março de 222. Sucedeu-lhe imediatamente o primo Alexandre Severo, e o Senado, segundo consta, apressou-se a acumular sobre a sua cabeça todos os poderes de um imperador, feliz por ter acabado com as excentricidades do seu predecessor.

Compreende-se facilmente que, durante este período em que o sentido do divino assume mil formas, o novo imperador tenha querido unir-se às «grandes» almas mais autênticas do passado. As imagens do seu larário forneciam-lhe um meio de o conseguir. De outro modo, como reencontrar esta unidade espiritual do Império, da qual dependia a sua coesão, como era visível? Mas não bastava divinizar ao mesmo tempo Abraão e Cristo e juntá-los ao panteão tradicional para que se encontrassem resolvidos os grandes problemas religiosos que, há cerca de dois séculos, semeavam a perturbação um pouco por todo o Império. Uma religião, pelo menos, recusava-se a alinhar com as outras: a dos cristãos.

O problema do cristianismo

Tudo começara no tempo de Nero, quando uma seita recentemente surgida, os sectários «de um certo Crestos», fora acusada de ter provocado o grande incêndio de 64. Para os castigar, o imperador mandara queimá--los vivos nos jardins do Vaticano. Morreram vítimas, ao que parece, de diferendos com os Judeus ortodoxos, dos quais existia na Cidade uma colónia próspera. Depois, surgiram comunidades cristãs um pouco por todo o Império, primeiro no Oriente, libertando-se progressivamente do judaísmo e criando a sua própria ortodoxia. Houve uma Igreja Cristã em Jerusalém, outra em Antioquia, outra ainda em Damasco. A Igreja de Roma parece datar do reinado de Cláudio. Depois, um pouco mais tarde, e quando Cláudio expulsou os Judeus de Roma, Paulo fundou as Igrejas de Filipos, de Tessalónica e de Corinto. Mas as autoridades romanas julgam a doutrina que apregoa cada vez mais suspeita. Não anuncia que se aproxima o final dos tempos, que o Império se vai desmoronar, assim como o resto do mundo? Paulo é preso e executado em Roma, sem dúvida em 67, enquanto a guerra, na Judeia, está prestes a eclodir. Mas o cristianismo é agora bem diferente das suas origens judias. A longa luta entre os cristãos e o poder ainda está só a começar.

As Perturbações de um Século

O cristianismo em acusação

Os não-Judeus mostram-se geralmente receptivos à prédica cristã. Há tantos profetas e taumaturgos que andam de cidade em cidade! Assim, quando Paulo e o companheiro Barnabé, em Listres, na Ásia Menor, fazem um milagre, restituindo a um enfermo a faculdade de andar, a multidão vê nos dois homens a encarnação de Zeus e Hermes e quase sacrifica um boi em sua honra. O povo, nesta mesma Ásia, não se comportara de maneira diferente em relação a Apolónio de Tiana. Havia sempre lugar, no paganismo desse tempo, para novas formas de culto. Mas é precisamente isso que os cristãos não podem aceitar. A sua verdade é única. Cristo não é um deus como os outros. A sua intransigência neste ponto será uma das causas das perseguições de que vão ser vítimas. Reunidos em comunidades mais homogéneas e secretas (não era admitida qualquer pessoa) do que as que congregavam os fiéis das outras religiões, dão lugar a calúnias. Já no tempo dos Antoninos são acusados de se reunirem, de noite, em refeições durante as quais sacrificam crianças, que depois comem. Tudo isto, sem dúvida, porque, recusando os ritos tradicionais do paganismo, se abstêm com um horror ostensivo, de consumir a carne das vítimas sacrificadas, quando, entre si, se entregam a refeições rituais. Todas estas calúnias dão origem a que a inclusão na seita seja considerada só por si um crime. Os suspeitos são obrigados a comparecer perante o tribunal do governador, nas províncias*, ou perante o prefeito da Cidade, em Roma. Têm de provar que não são cristãos, aceitando, por exemplo, sacrificar imagens, as das divindades pagãs. Se persistirem na sua fé, serão executados. É esta a lei, pelo menos desde o tempo de Trajano. Frontão, o mestre de Marco Aurélio, reúne num panfleto todas as acusações comummente feitas aos cristãos. O texto desapareceu. Conhecemo-lo indirectamente, através da sua refutação, a *Apologia* de Justino. Aparentemente, convenceu Marco Aurélio, já que a lei foi aplicada, em Roma, e depois em Lião, em 177. O imperador limita-se a observar, nos seus *Pensamentos,* a obstinação dos cristãos, recusando-se a abjurar, mesmo às portas da morte.

O montanismo

Mas a doutrina começa a ser mais bem conhecida. Já não se trata de calúnias, mas da própria prédica. O frígio Montan retoma, no fim do reinado de Marco Aurélio, temas algo esquecidos há um século: anuncia que o fim do mundo está próximo, que importa que todos se preparem por meio de uma continência absoluta, o que esteriliza os casamentos – preceito particularmente escandaloso numa época em que o poder se preocupa essencialmente em assegurar a continuidade de Roma. É notável que os cristãos tenham sido perseguidos por Domiciano, no momento em que reaparecia uma literatura apocalíptica e em que, ao mesmo tempo, o imperador mandara celebrar os Jogos* Seculares de 88. É num contexto semelhante que Sétimo Severo, em 202, promulga um edicto proibindo qualquer proselitismo aos cristãos, precisamente dois anos antes dos Jogos de 204.

Mas a corrente montanista não é seguida por todas as Igrejas. Em Roma, onde os bispos, numa comunidade cristã crescente, têm de assumir tarefas administrativas, parece ter-se estabelecido um entendimento tácito entre o cristianismo e o poder. Porém, ainda se verificam perseguições, no século III, acompanhando as vicissitudes do poder imperial, constantemente abalado no tempo de Décio e de Valeriano; mas também é evidente que o cristianismo constitui, a partir desse momento, uma entidade jurídica à qual é reconhecido o direito de propriedade, e que é tolerada no Império. Com os edictos de Galiano (único imperador de 260 a 268), numa época em que as ameaças surgem de todo o lado, a tolerância em relação aos cristãos surge como uma necessidade política e torna-se regra. Os imperativos militares prevalecem, então, sobre quaisquer outras considerações, mas esta primeira paz da Igreja não perdurou.

A perseguição de Diocleciano

Decorridos menos de quarenta anos, eclodiria uma nova perseguição, quando Diocleciano decidiu reconstruir o Império segundo uma nova estrutura, acompanhado por um colega, que recebeu o título de Augusto, enquanto reservava para si mesmo o epíteto de Jovius, que o ligava a Júpiter, e para o colega Maximiano o de Herculius. Esta tentativa de conferir à instituição imperial, no quadro do paganismo, a sua dimensão religiosa – muito abalada desde o fim dos Severos, devido às usurpações militares que se haviam sucedido durante a maior parte do século – fez renascer os velhos argumentos contra os cristãos. Não é a sua recusa obstinada de participar no culto dos deuses que é causa de todos os males? Se queremos que o Império retome todo o seu vigor, é preciso exterminar estes infiéis. Consequentemente, por ordem do imperador, são confiscados os seus vasos sagrados, os locais de culto são destruídos, os membros do clero detidos.

De facto, Diocleciano retomava uma mitologia da realeza já exposta, no tempo de Trajano, por Díon de Prusa, no seu discurso sobre a monarquia. Reencontrava ao mesmo tempo a simbólica de Cómodo, que gostava de se identificar com Hércules e, sobretudo, a antiga fé na omnipotência de Júpiter, origem e garante do *imperium*. Mas esta

As Perturbações de um Século

restauração da religião imperial, baseada na teologia pagã, não podia ser duradoura. Era demasiado tarde. A religião cristã adquirira já um grande peso no Império. Um dos dois Césares da tetrarquia, o herculano Galério, renega a política de Diocleciano e publica, seis dias antes da sua morte, em 311, um edicto de tolerância. O que equivalia a reconhecer o poder do deus dos cristãos. Esta decisão é conhecida por edicto de Milão. Gerou muitas consequências. O poder já não persegue os cristãos, favorece-os, ajuda-os. Constantino, cujo papel examinaremos nesta circunstância, é verdadeiramente cristão, mesmo tendo sido baptizado apenas à hora da morte. Em vez de aparecer como uma força mortal no Império, o cristianismo é um elemento de coesão, um factor de unidade no Ocidente, como o foi no Oriente. A tentativa desesperada de Juliano, de 361 a 363, para restabelecer o paganismo (tal como o concebia) como religião de Estado mostra bem que este paganismo, mesmo iluminado pela filosofia, perdera toda a eficácia política. Parece que, conferindo ao culto imperial a garantia que lhe podia conferir o seu deus, único e transcendente, os cristãos contribuíram para assegurar a manutenção de um regime do qual tantas vezes haviam sido vítimas.

Desmoronamento do sistema romano

Entre o fim dos Severos e a subida ao poder de Diocleciano estende--se um período muito sombrio do Império Romano: ameaças do exterior, ataques de diferentes povos bárbaros em todas as fronteiras, usurpações constantes por parte dos chefes do exército, desaparecimento de Roma como centro do poder, destruição efectiva, ou sempre desejada, da hierarquia social, acabando o Senado, por exemplo, por nunca mais desempenhar um papel social no Estado. É todo o antigo sistema que se desmorona, a velha «hierarquia dos benefícios», que tentámos definir, geradora de paz e segurança. Desde o fim dos Antoninos, o mais urgente fora enfrentar os Bárbaros, e não deve surpreender que os exércitos, e sobretudo os seus quadros e chefes, tenham assumido tão grande importância na vida do Império. Desaparecendo um imperador, e na ausência de qualquer sistema de sucessão, declaram-se as ambições. Os que detêm a força, isto é, os governadores das províncias «armadas», proclamam-se *imperatores*. Já acontecera; mas, até então, tudo acabara por se resolver em Roma, sob o olhar de Júpiter. Afora, o homem a quem a Sorte destina o poder apodera-se de Roma como de uma cidade conquistada, se, pelo menos, lhe for dado lá chegar. Sétimo Severo é um Africano, nascido na Cirenaica; traz consigo todo um cortejo de Africanos, que nada têm em comum com a antiga nobreza da Cidade. E estes imperadores «vindos de algures» não se preocupam em manter os privilégios dos homens que descendiam dos conquistadores de outrora. Talvez um dos significados da *Constitutio Antoniniana* seja o apagamento desejado de todas as diferenças entre o que resta do «povo romano» e os outros.

O que não significa que não se devesse dotar o Império de uma administração eficaz. As magistraturas que outrora pertenciam à ordem senatorial perdem importância. Fazem figura de apêndice no *cursus* equestre. Este fornece a maior parte dos governadores de província. Estes «procuradores» são, juridicamente, apenas «gente» do imperador, e este eleva-se acima de todos os humanos, que saúdam com o título de *dominus*. O que não implica, todavia, que se considerem seus escravos. Há muito que a palavra passou de moda e significa apenas «senhor». Marca, porém, uma certa distância social, real ou imaginária (por cortesia). O seu uso, segundo Suetónio, teria sido introduzido pelo próprio Domiciano, que se teria qualificado, numa proclamação oficial, de *«deus et dominus»*, deus e amo, mas é perfeitamente evidente que prevalece o primeiro termo!

Na verdade, o poder, a partir de Sétimo Severo, assenta no exército, que está inteiramente reorganizado. É neste domínio que se afirma o poder absoluto do *imperator*. Concentra-se em Itália uma imponente massa de manobra; a guarda pretoriana foi modificada; doravante, será composta por legionários aguerridos, em vez de recrutas vindos de Itália, de Espanha, da Macedónia e do Nórico, como no passado. Doravante, toda uma legião* se encontra acantonada em Albano, no Lácio. Ao mesmo tempo, as fortalezas do *limes**, ao longo das fronteiras, são reforçadas, em todos os pontos em que as províncias ocidentais podiam ser atacadas. Passa-se de uma defesa activa, baseada em contra-ataques, a uma estratégia passiva. As províncias ocidentais, pelo menos, assemelham--se a uma cidade sitiada. Os veteranos que cumpriram o seu tempo de serviço são instalados em terras que lhes são dadas, ao longo das fronteiras. Formam um corpo de primeira intervenção, mas também propõem um exemplo de vida à romana.

No que respeita aos Bárbaros, a política durante muito tempo seguida por Roma consistia em conduzir progressivamente os «insubmissos» a querer imitar os costumes cujo exemplo lhes era oferecido pelos habitantes do Império. Acontecia, assim, atingirem uma espécie de assimilação, que, a longo prazo, permitia a integração no sistema romano. Na expectativa deste momento, os Romanos permitiam que as populações ainda «bárbaras» conservassem o seu género de vida tradicional, apesar de serem admitidos no Império. Foi o que aconteceu em África, quando se promulgou a *Constitutio Antoniniana*. Em outros locais, grupos inteiros de Bárbaros recebiam autorização para se instalarem para cá da fronteira, perto de populações totalmente romanizadas. O que nem sempre fornecia

As Perturbações de um Século

bons resultados. Os Germanos, em particular, mostravam-se rebeldes e preferiam a pilhagem à integração cultural.

A chegada dos Sassânidas

No Oriente, o inimigo tradicional muda. Os Partos arsácidas são substituídos pelos Sassânidas, senhores do país no tempo de Alexandre Severo. O velho império, meio helenizado, com o qual havia acabado por se estabelecer um estado de respeito mútuo, é substituído por outro, que ameaça não só os Romanos mas todos os povos estabelecidos na Ásia Menor e, segundo a expressão de Díon Cássio, o conjunto da humanidade, pois eles encontravam-se animados de uma fé fanática, a religião de Zoroastro, muito pouco compatível com os ideais gregos e romanos inseparáveis do Império. Pela primeira vez uma religião do Livro, fora da Judeia, entrava em contacto com o paganismo tradicional. Em breve chegará o cristianismo de Estado, o único capaz de realizar a unidade espiritual do Império frente a uma religião agressiva, referindo-se, também ele, a uma Revelação, mas conservando o essencial do pensamento filosófico, elaborado ao longo dos cerca de dez séculos anteriores.

O último dos Severos, Alexandre, decidira responder pela ofensiva à ameaça persa e, após uma campanha vitoriosa, conseguira conservar as províncias do Oriente, quando chegou a notícia de vários ataques contra as fronteiras da Germânia e da Récia. Instalou o seu quartel-general em Mogúncia. Correram rumores de que iniciara negociações com os Bárbaros. Então, os soldados, descontentes, elegeram como chefe um soldado trácio chamado Maximino, antigo pastor nas montanhas da sua pátria, e massacraram o imperador e a mãe, que o acompanhava em todas as expedições (18 de Março de 235).

Maximino o Trácio

Mais uma vez, os soldados impunham um imperador; mas já não era preciso homologar a sua decisão pelo Senado de Roma, que deixara de ter poderes para tal. Foi de Cartago que veio a resposta. O governador da província de África, Gordiano, um homem idoso, foi proclamado imperador (Maio de 238). Daí resultou um conflito com o exército de África, hostil a este imperador «civil»: travou-se uma batalha que pôs termo ao reinado de Gordiano, após cerca de três semanas de reinado (Junho de 238). Por seu lado, os senadores tentaram suscitar rivais de Maximino, que procurou penetrar em Itália à frente do seu exército. A derrota em Aquileia provocou uma revolta e o seu assassinato (Julho de 238).

O Império Romano

Beneficiando deste estado de anarquia, os inimigos do exterior atacavam em todos os sectores, na Mesopotâmia e no Danúbio. Nesse momento, o imperador, imposto pelos pretorianos, era Gordiano III, neto de Gordiano, que fora imperador durante tão pouco tempo. Após algumas vitórias na Síria e na Mesopotâmia, Gordiano III foi vítima de insubordinação militar e substituído pelo prefeito do pretório, Filipe, de origem árabe. O seu reinado durou um pouco mais de cinco anos (Março de 244 – Setembro de 249). Mas, um pouco por toda a parte, surgem novos pretendentes. Depois de Filipe veio Décio, que reinou durante cerca de dezoito meses. Morreu numa campanha contra os Godos. Sucedem-se então os imperadores, a cada exército o seu. Só foi reencontrada uma espécie de estabilidade durante o reinado de Valeriano (Setembro de 253 – Junho de 260), associado de Galiano, que conservaria o poder até 268.

Valeriano

Esta muito relativa estabilidade era particularmente bem-vinda, pois os ataques multiplicavam-se e, mais grave ainda, assiste-se a tentativas para desmantelar o Império, revelando-se o inimigo no interior deste. Assim, verificou-se uma longa insurreição na Numídia. Depois, no Oriente, os Persas retomam a ofensiva. O seu rei, Sapor, obtém vitórias na Síria e apodera-se de Antioquia, que Valeriano consegue reconquistar, mas por pouco tempo. Vencido em Edessa, durante a contra-ofensiva, é feito prisioneiro. Não voltaria a Roma. Galiano era o único imperador, mas era-lhe impossível intervir no Oriente. Várias nações germânicas, nesse mesmo momento, penetravam no Ocidente. Galiano teve a sorte de deter os Francos e os Alamanos, mas perto de Milão! Depois, prestes a partir para o Oriente, confiou as fronteiras ocidentais ao comandante dos exércitos, Póstumo, sob a autoridade teórica do próprio filho, feito César por ele. Mas os soldados massacraram o jovem César e Póstumo foi proclamado imperador.

O Império das Gálias

Assim nasceu um «império das Gálias», que compreendia não só as províncias gaulesas como as duas Germânias (ao longo do Reno), a Espanha e a Bretanha. Havia, de facto, dois impérios, um no Ocidente, outro no Oriente. Galiano já só era reconhecido na Itália e em África, e também no Egipto.

As Perturbações de um Século

O reino de Palmira

Na Ásia, surgira um início de fragmentação com o reino autónomo que um príncipe indígena de Palmira, chamado Odenato, criara para si mesmo. Odenato não tardou a ser assassinado por um dos seus parentes, mas o seu reino subsistiu, governado em teoria pelo filho, e na realidade pela viúva, Zenóbia. Assim nasceu o reino de Palmira, que duraria apenas alguns anos, de 261 a 271.

Entretanto, esboçava-se uma terceira ameaça, a dos Godos e dos Hérulos, que haviam forçado o *limes** do Danúbio e se entregavam a ataques pontuais contra cidades gregas da Ásia e da Europa, cujas riquezas cobiçavam. Era o caso de Éfeso, Tessalónica, Atenas. Regressara-se à situação que o mundo grego conhecera quando os Gálatas pilhavam Delfos e se instalavam na região de Pérgamo. Mas isso acontecera há mais de sete séculos!

Galiano tentava defender a linha do Danúbio quando teve de enfrentar um usurpador, um dos seus legados e, durante a guerra, foi assassinado por um dos seus oficiais, que o traspassou com a própria mão.

O sucessor de Galiano, um dos seus oficiais, chamado Cláudio (Cláudio o Gótico, ou o Godo), teve a sorte de conter, no vale do Danúbio, uma invasão dos Godos, regressados em massa; mas, no ano seguinte, no início de 270, morreu de peste.

Aureliano

O exército do Danúbio impôs como imperador o seu comandante, Aureliano, que decidiu restabelecer a unidade do Império. E conseguiu-o. Repeliu as invasões vindas do norte, não sem grandes dificuldades. Algumas delas atingiram Fano (no Adriático, ponto terminal da Via Emília) e Pavia. Foi necessário evacuar as províncias situadas na margem esquerda do Danúbio, anexadas pelos Antoninos, e base de partida para futuras conquistas. O Império, agora, estava na defensiva. Tratava-se, pois, de o reconstituir. Aureliano começou por atacar o reino de Palmira, sitiou a cidade e capturou Zenóbia, cuja diplomacia estava a afastar de Roma várias regiões da Ásia, o que lhe granjeara a simpatia activa do Egipto. Terminou assim a tentativa de secessão no Oriente. O Império das Gálias não ofereceu mais resistência. Póstumo fora morto antes da subida ao poder de Aureliano. A tentativa de o substituir pelo governador da Aquitânia, Tétrico, revelou--se infrutífera. Tétrico entendeu-se secretamente com Aureliano e, quase sem combate, o Império das Gálias desmoronou-se. Assim, o imperador pôde, em 273 ou 274, celebrar um triunfo de uma magnificência excepcional. E, muito naturalmente, em Roma, cujo prestígio permanece, embora esta cidade não seja há muito centro do poder. Zenóbia estava presente, bem como representantes de povos vindos de todos os horizontes, da Arábia, do Cáucaso, da Pérsia, da Germânia, do Egipto. Ao lado destes prisioneiros humanos viam-se animais selvagens, elefantes, veados, tigres, girafas, alces, simbolizando a omnipotência do imperador em todo o universo. O velho mito não foi esquecido. Todavia, se as inscrições qualificavam Aureliano de *restitutor orbis,* restaurador do Universo, não deixou de ser necessário rodear a Cidade de uma sólida muralha fortificada (ainda existente), como precaução contra eventuais ataques dos Bárbaros. E, nas províncias, procedeu-se muitas vezes do mesmo modo.

Ao mesmo tempo, o imperador mandava construir em Roma, a leste do Campo de Marte, um grande templo ao Sol. A sua intenção era, com certeza, glorificar a religião imperial, apresentar o imperador como um Sol vivo. O que não constituía uma novidade, mas um tema recorrente, como dissemos. Ainda recentemente, Galiano projectara mandar erigir uma estátua que o representasse como o Sol personificado e que se situaria no cimo do Esquilino. A obra não pôde ser executada antes da morte do imperador. Mas esta persistência do tema mostra bem que a energia de Roma não foi quebrada, que persiste dentro dos corações a esperança de prosseguir uma missão legada pelos antepassados.

O senhor do mundo preparava novas conquistas quando, em 275, foi assassinado, por instigação de um dos seus libertos. Houve uma breve tentativa por parte dos senadores para designar um novo imperador, um velho chamado Tácito, que partiu imediatamente para a Ásia Menor, mas foi assassinado pelos soldados decorridos poucos dias. O comandante das tropas da Síria, Probo, foi proclamado imperador. Conseguiu manter-se durante seis anos, de 276 a 282. Recaíam sobre ele os problemas habituais. Apesar do avanço constante, e crescente, dos Bárbaros no Ocidente, começou a organizar uma expedição contra os Persas. Não teve tempo de desencadear o ataque. Os seus soldados mataram-no em Sirmium, que deveria ser a base de partida, e escolheram como imperador o prefeito do pretório Caro (em Outubro de 282). Este impôs-se o dever de executar o plano do predecessor. Conseguiu-o e penetrou até Ctesifonte, no Tigre, um dos pontos mais orientais que os Romanos atingiram. Mas morreu no fim de 283. Caro dera aos dois filhos, Carino e Numeriano, o título de Augusto. Numeriano seguira-o até ao Oriente. Quando reconduzia o exército para Ocidente, foi morto pelo seu prefeito do pretório. O comandante da guarda, Diocletianus (Diocleciano), vingou-o e proclamou-se imperador. O outro filho de Caro, Carino, não aceitou partilhar o poder com ele. Os seus dois exércitos enfrentaram-se na parte baixa do vale do Danúbio. Diocleciano venceu. Doravante, era o imperador único (início de 285).

Capítulo VII
O FIM DO IMPÉRIO

O que deveria ser o último período do Império, antes da sua divisão por dois senhores, depois do desaparecimento de uma destas duas metades, começou por um aparente renascimento, o restabelecimento do poder militar e uma reorganização administrativa tendo em conta as realidades, agora muito diferentes das que prevaleciam no tempo da fundação, há mais de três séculos. Este renascimento deveu-se a um soldado originário da Dalmácia, vindo desta região que, no século precedente, fornecera vários imperadores. Não pertencia a nenhuma aristocracia. Fizera fortuna por si próprio.

A tetrarquia

Logo que ascendeu ao Império, nas condições já explicadas, a 20 de Novembro de 284, Diocleciano retirou lições dos acontecimentos que se haviam desenrolado desde a morte de Alexandre Severo. Em primeiro lugar, a necessidade de organizar uma defesa activa das fronteiras, tanto na Ásia como no Reno e no Danúbio, isto é, contra os «bárbaros» (os povos rebeldes ao modo de vida e à cultura dos Romanos). Mas, ao mesmo tempo, e de uma maneira contraditória, evitar conferir demasiado poder e autonomia aos comandantes dos exércitos encarregados desta missão, estreitar os laços com um poder central que não se dividisse por várias frentes.

A experiência dos séculos passados sugeria uma solução: partilhar o poder entre dois titulares, como, outrora, o haviam feito certos imperadores (por exemplo Marco Aurélio e Lúcio Vero) e como, num passado longínquo, existiam dois cônsules. Dois imperadores assim criados não seriam rivais, mas colaboradores. Bastaria estabelecer, como

O Império Romano

acontecera outrora, que um deles se subordinaria ao outro, que seria o «César» e como filho de Augusto, na mesma relação que o herói Hércules ao deus Júpiter.

A situação no Ocidente tornava indispensável a aplicação imediata deste princípio. Na Gália, salteadores, os Bagaudas, pilhavam os campos e, na fronteira, os Germanos violavam impunemente o território romano. Diocleciano designou, para seu César, o oficial originário da Panónia, chamado Maximiano, e confiou-lhe a missão de restabelecer a ordem e a paz no Ocidente. O sucesso foi total. Diocleciano agradeceu ao seu César, conferindo desde logo o título de Augusto. Depois, encarregou-o de reduzir a rebelião de Carausius que, tendo recebido a missão de proteger as costas da Gália contra os piratas vindos do norte, se proclamara ele próprio imperador, e havia ocupado a Bretanha. Esta rebelião só foi vencida em 296. Prolongou-se por mais de dez anos, e foi tal o alerta que Diocleciano concedeu a Maximiano outro César, chamado Constâncio (que, mais tarde, ficou conhecido por Cloro, o Pálido). O que equivalia a reconhecer que, doravante, o Ocidente seria confiado a Augusto Maximiano, enquanto ele próprio, Diocleciano, se encarregaria dos assuntos do Oriente. Para o coadjuvar, designou um César, um soldado de origem dácia, chamado Galério. Assim, a partir de 293, passou a haver dois Augustos e dois Césares. Este sistema chamou-se tetrarquia (governo a quatro). Era o preço a pagar pela salvaguarda do Império. Um resultado difícil de imaginar dez anos antes.

As intervenções, concertadas, dos Augustos e dos Césares, permitiram obter uma série de sucessos, não só na Bretanha, como dissemos, mas também na Gália, onde os Germanos infiltrados, Alamanos, Francos, Burgúndios foram derrotados em duas ou três batalhas. Aconteceu o mesmo aos povos instalados na margem esquerda do Danúbio, os Iasigos, velhos inimigos de Roma, e os Carpos. As rebeliões que se verificaram em África foram reprimidas por Maximiano. É ao próprio Diocleciano que cabe pacificar a Síria, periodicamente atacada pelas populações do deserto, reduzir uma usurpação no Egipto – mas foi preciso sitiar Alexandria –, pacificar os territórios do sul. Galério, por seu lado, interveio na parte mais elevada do vale do Tigre. Após tantas vitórias, que conservavam o Império dentro dos limites atingidos no tempo dos Antoninos e dos Severos, Diocleciano decidiu celebrar os seus vinte anos de reinado. Estas *vicennalia* realizaram-se a 20 de Novembro de 303, em Roma, quando os dois Augustos e os dois Césares tinham respectivamente eleito por «capital», ou antes, por quartel general, Diocleciano Nicomédia, o Bósforo, Galério Sirmium o vale do Danúbio, Maximiano Milão, Constâncio Tréveros, o Mosela, em contacto com os países germânicos. Celebrou-se um triunfo sobre os Persas, houve Jogos*,

O Fim do Império

banquetes; foram colocadas inscrições honoríficas no velho Fórum. Foi ainda em Roma que Diocleciano mandou construir termas monumentais, ainda hoje visíveis no planalto do Esquilino. Não foi abandonada a antiga ficção de um Império Romano.

Diocleciano não se limitou a defender e a pacificar o Império, empreendeu ainda uma reforma administrativa. Reduziu a dimensão das províncias* e aumentou o seu número, chegando quase a duplicá-lo. Criou um nível intermédio entre a província e o imperador, a diocese, reunindo várias províncias. Esta fragmentação tinha várias vantagens. Reduzia a importância dos governos, aproximando a justiça dos cidadãos, tornava mais fácil a vigilância dos administradores, a todos os níveis, graças a um corpo de inspectores ou, se preferirmos, de polícias, os *agentes in rebus,* substituindo os libertos do príncipe que, outrora, estavam encarregados desta espionagem.

Ao mesmo tempo, o conjunto da sociedade endurece-se em categorias fechadas. As aristocracias municipais, a dos *curiales,* têm obrigação de conservar a sua categoria, pois desempenham um papel essencial na administração local, em especial para cobrança de impostos. Os encargos são pesados, num mundo ameaçado pelo empobrecimento. O Estado pretende que a condição social dos cidadãos seja continuada pelos filhos. O filho do soldado deve ser soldado, o filho do agricultor deve cultivar o domínio paterno. Neste mesmo espírito de racionalização a qualquer preço, Diocleciano promulga, em 301, um edicto que fixa, para cada mercadoria, um preço máximo que deverá ser observado sob pena de morte. Bom oficial, o imperador acreditava na geometria militar, e pretendia impô-la à vida.

Como Diocleciano decidira, os dois Augustos, ele próprio e Maximiano, abdicaram. Os dois Césares, Constâncio e Galério, tornavam--se Augustos. Foram designados dois novos Césares, Severo, um oficial subordinado a Constâncio, Maximino Daia, também ele um militar, adjunto de Galério. Mas, do seu palácio de Spalato (Split), nas margens do Adriático, Diocleciano, que viveu até 315, viu desfazer-se a sua obra, desmoronar-se o belo edifício, pois as reformas que impusera não tinham em conta a natureza humana nem uma fatalidade histórica, o desaparecimento progressivo da antiga fé nas «virtudes» de antanho.

Constantino

Em primeiro lugar, os dois novos Augustos não se entendiam. Nenhum deles estava disposto a aceitar a autoridade do outro. Ora, era essa a chave do sistema. Além disso, Maximiano tinha um filho, Maxêncio, que não se resignava por não ter sido escolhido como César.

O Império Romano

E acontecia o mesmo ao filho de Constâncio, Constantino. Em 306, Constantino, retido por Galério, abandonou o seu posto e voltou para junto do pai, na Bretanha. Quando Constâncio morreu, em York, a 25 de Julho, Constantino foi proclamado imperador pelos soldados. Recomeçava o velho cenário. Galério, o único Augusto, aceitou proclamar Constantino César, para grande fúria de Maxêncio. Por fim, criou-se um conflito armado entre Maxêncio e Constantino. Terminou com uma batalha travada a 28 de Outubro de 312, perto da Ponte Milvius (passagem do Tibre, à saída de Roma, pela via Flamínia, a grande estrada do norte). Maxêncio foi vencido e, ao fugir, afogou-se no Tibre. Foi durante esta batalha que Constantino teve uma visão, sobre a qual diferem as versões. Talvez se tratasse de uma cruz, acompanhada de três palavras significando «Por este sinal vencerás», ou, então, do monograma de Cristo. Fosse como fosse, Constantino não estava sozinho no poder, mesmo tendo saído vitorioso. O seu mais perigoso rival era Licínio, que substituíra Severo na tetrarquia. Depois de se aliar a Constantino, entrou em luta contra ele. Seguiram-se dez anos de paz, que durou até 324. Depois de novo a guerra, que terminou, em duas batalhas, pela eliminação de Licínio. Constantino é senhor do Império. No mesmo ano, decidiu criar uma segunda capital. Para tal, escolheu Bizâncio, que indicava a rota estratégica, indo da Ásia até ao Ocidente, e evitava um longo trajecto marítimo. Daqui resultava que o eixo do Império já não passava por Roma. Por uma espécie de compensação, Roma tornava-se a cidade capital dos cristãos. O imperador doou ao bispo de Roma o palácio dos Laterani, que pertencia à sua família. No Vaticano, na margem direita do Tibre, muito longe, portanto, da Cidade, onde a tradição situava o túmulo do apóstolo S. Pedro, foi construída uma basílica, destinada a indicar o ponto central da religião cristã. Outra, consagrada ao apóstolo S. Paulo, foi construída na margem esquerda do Tibre, mas muito longe da muralha fortificada, na estrada de Óstia. O centro, a cidade velha, ficou marcada pela tradição pagã. Mesmo oficialmente professado pelo imperador, o cristianismo continua a ser marginal.

Entretanto, prosseguia a construção da nova capital, no Bósforo. Foi solenemente inaugurada a 11 de Maio de 330. A cidade foi dotada de um Senado, uma imitação de Roma. Projecto sem grandes consequências, uma vez que o Senado romano perdera toda a importância no governo do mundo.

Os Bárbaros

Na verdade, esta nova organização do Império destinava-se, em grande parte, a responder aos problemas criados pela segurança das

O Fim do Império

fronteiras. Escolher para nova capital o ponto em que o trajecto marítimo fosse o mais curto possível explica-se pela insegurança dos mares, ameaçada por piratas bárbaros, em particular pelos Godos, que haviam dominado os estreitos durante todo o século precedente. Em 332, Constantino concluiu com eles um tratado de aliança. Restavam as populações vindas dos países situados para lá do Danúbio, os Sármatas, que foram instalados nas zonas fronteiriças, nos Balcãs e no Norte da Itália.

Na frente persa, as vitórias obtidas por Galério, em 297, permitiram um repouso de 40 anos; depois, a partir desse momento, sucederam-se ataques periódicos lançados pelos Persas, que sitiaram as cidades fortificadas defendidas pelas tropas romanas. Este assédio quase permanente não permitia desguarnecer a fronteira.

No Ocidente, os Germanos ocupam, com o consentimento de Roma, campos desertos. Têm como única obrigação o cultivo das terras. Para escapar a esta condição, que os aproxima dos colonos romanos, também eles presos à terra, podem tornar-se soldados. A velha política de integração, iniciada no tempo de Marco Aurélio, é prosseguida e diversificada, mas podemos desde já afirmar que regiões inteiras das províncias ocidentais se germanizam, e também que este fenómeno atinge o exército, no qual, como já seria de esperar, certos soldados bárbaros atingem graus superiores e começam a desempenhar um papel político. Estão presentes na corte e também nos departamentos da alta administração. Mais do que nunca, o Império assemelha-se a um mundo fechado no qual se infiltram elementos estrangeiros, por vezes em grande número, cuja assimilação nunca poderia ser total. Não é possível uma adesão espiritual total entre Bárbaros e Romanos. Estes pertencem conscientemente a uma cultura cujos valores assentam em «virtudes» humanas bem definidas, entre as quais, como já no tempo de Cícero, a justiça ocupa o primeiro lugar, enquanto a virtude da coragem, a *fortitudo*, perdeu o aspecto guerreiro, passando a ser uma atitude da vida pessoal. Mais do que outrora, exalta-se a bondade, a clemência e a *pietas*, isto é, o respeito pelos laços da natureza e pelo afecto que implicam. Os Bárbaros, por seu lado, tal como os podemos adivinhar, referiam-se a outras virtudes: em primeiro lugar, a coragem física, que atrai o respeito dos outros, a força da personalidade, fonte de prestígio. As diferenças entre as duas mentalidades, assinaladas por Tácito e muitos outros, estão longe de ter desaparecido por completo. A fidelidade dos Bárbaros às suas «virtudes» explica, sem dúvida, que, nas regiões em que constituíam o elemento dominante, tenham provocado a formação de verdadeiras nações, que estão na origem das que se encontram na Europa medieval e moderna.

O Império Romano

No interior, as dissensões entre cristãos aumentam a confusão. Houve a querela dos donatistas, que nasceu a propósito da atitude a manter em relação aos cristãos que se submeteram aos edictos de Diocleciano e remeteram os Livros Sagrados às autoridades. Durante todo o século IV, católicos e donatistas irão defrontar-se, criando duas Igrejas rivais, passando a África inteira para o lado dos donatistas. E, depois, houve uma heresia, o arianismo, interminável discussão entre a natureza do Pai e a do Verbo (*Logos*). Constantino reuniu, em 325, em Niceia, um concílio ecuménico (universal) para resolver a questão. A maioria decidiu a favor do dogma segundo o qual o Filho é «gerado, não criado», e a sua divindade, a sua existência são imanentes e pertencem ao seu próprio ser. A decisão do concílio não foi aceite por todos. O arianismo permaneceu vivo por muito tempo. Implantou-se, em particular, entre os Godos instalados na parte mais baixa do vale do Danúbio, suficientemente integrados no Império para partilharem as suas querelas internas.

Quando Constantino morreu, os três filhos tentaram partilhar o poder, depois de terem provocado o massacre, pelo exército dos meio-irmãos e dos sobrinhos de Constantino. Em 304, um dos filhos do Imperador defunto, Constantino II, entrou em luta com os irmãos. Foi vencido por Constante, na batalha de Aquileia. Os dois imperadores que restavam, Constâncio II e Constante, reinaram em conjunto até ao momento em que um usurpador, Magnêncio, tomou o lugar de Constante, que morreu na contenda. Constâncio II interveio e Magnêncio teve de se suicidar. Durante oito anos, houve apenas um Augusto. Constâncio II, que ficara com a frente do Oriente, encarregou o primo, o jovem Juliano, de defender as Gálias contra os Germanos. Juliano obteve grandes sucessos, de tal modo que o exército se uniu a ele e quando, no início do ano 360, se soube que o imperador queria ir buscar reforços à frente do Ocidente para os transferir para o Oriente, houve uma rebelião. Juliano, contra a sua vontade, foi proclamado imperador. Constâncio, doente, depois de ter pensado entrar em guerra contra o primo, reconheceu-o imperador, pouco antes de morrer.

Seguiu-se um estranho episódio. Juliano, que fora educado no cristianismo, a religião oficial, apaixonou-se pela cultura pagã, tentando restabelecer o seu brilho e prestígio de outrora. Convencido de que os cristãos, devido à sua fé, eram incapazes de compreender e de transmitir o espírito dos filósofos, proibiu-os de se entregarem ao ensino público. Restaurou, assim, as práticas do culto tradicional. Mas este sonho desmedido não teve seguimento. Juliano, tão desejoso de restituir ao Império as fronteiras quanto a cultura, empenhou-se, em Março de 363, numa campanha contra os Persas. Foi mortalmente ferido por uma flecha numa emboscada, a 27 de Junho de 363.

O Fim do Império

Desintegração

O Império Romano, no Ocidente, ainda sobreviveria durante um século. As dissensões internas, a pressão, cada vez mais forte, dos Bárbaros, o papel dos oficiais germanos ou vândalos acabam de arruinar tudo o que podia subsistir da unidade imperial. Aqui e ali, cidades provinciais mantêm, melhor ou pior, o espírito romano; mas os campos despovoam-se, esgotados pelo banditismo, que se tornara endémico, e pelas exigências do fisco. Enquanto tudo se desmorona, a administração imperial mantém a pressão financeira, que arruína as aristocracias locais, pilares da sociedade. Os escritores cultivam os géneros tradicionais. Amiano Marcelino (322-400, aproximadamente), se bem que de origem oriental, escreve em latim a sua *História,* que continua a de Tácito. Em Roma, em Tréveros, os discursos oficiais retomam as formas imutáveis dos retóricos. Em Bordéus, em Autun, os poetas augustanos são familiares a todos. A cultura romana permanece, mas nunca se renova. Ausónio, nas margens do Mosela, não se sente inspirado como Virgílio nas margens do Míncio. Fenómeno misterioso, este esgotamento do espírito, cujas intermitências se expandem ao longo de séculos. O cristianismo suscita escritores; mas o génio de Agostinho (354-430) ergue-se quase sozinho, enquanto um anjo castiga S. Jerónimo pelo seu ciceronianismo*. Nem por isso deixa de surgir uma literatura cristã. Mas em nenhum momento substituirá as grandes obras da Roma pagã.

A história política do século está marcada por lutas sangrentas, por acordos passageiros, pela intervenção de oficiais bárbaros que, ao longo dos anos, se tornam verdadeiros senhores do jogo. Os invasores penetram cada vez mais profundamente no Império. Em 410, o Godo Alarico apodera-se de Roma e pilha-a. Quando Juliano morre, o exército do Oriente designa um imperador, Joviano, que, por sua vez, morre pouco depois. Os soldados dão-lhe por sucessor outro oficial, chamado Valentiniano. Este Valentiniano tinha um irmão, Valente, a quem deu o título de Augusto. O Império encontrou-se, assim, dividido em dois. Foi a partir deste momento que houve, de facto, um Império do Oriente cuja capital era a antiga Bizâncio, depois Constantinopla, e um Império do Ocidente. Esta separação tornara-se necessária pelos imperativos militares, e o regime criado por Valentiniano no Ocidente foi, na verdade, uma ditadura do exército, conforme aos princípios que outrora haviam ditado a política de Diocleciano. O que subsistia das antigas estruturas da sociedade foi destruído. Valentiniano morreu em 375, durante uma guerra contra os Sármatas. Sucedeu-lhe o filho Graciano, mas teve de aceitar a partilha do poder com um dos irmãos, Valentiniano II.

Entretanto, no Oriente, Valente confrontava-se com novas invasões.

O Império Romano

Os Godos, sob pressão dos Hunos, e de outros Bárbaros, sublevaram-se e invadiram a Trácia. Valente tentou detê-los, mas morreu na batalha de Andrinopla (9 de Agosto de 378), uma das maiores derrotas sofridas depois de Cannes pelos exércitos romanos. Para substituir Valente, Graciano designou um novo imperador do Oriente, Teodósio, que instalou a capital em Constantinopla. Houve, de novo, três Augustos: Graciano, Teodósio e Valentiniano II. E, também de novo, uma usurpação. Um oficial do exército da Bretanha, Máximo, revoltou-se contra Graciano, que foi derrotado e morto. Máximo substituiu-o até ao dia em que Teodósio decidiu combater Máximo, tendo-o vencido. Mas o verdadeiro árbitro da situação era um oficial franco, chamado Arbogasto, que se livrou de Valentiniano II e mandou designar um imperador capaz de se apoiar no que restava da velha nobreza romana. Este imperador, Eugénio, não era um militar, mas um «intelectual», um retórico, que assim se opunha a Teodósio. Travou-se uma batalha no Rio Frio, a 5 de Setembro de 394. Teodósio saiu vencedor. Quando morreu, a 17 de Janeiro de 395, deixou dois filhos, Honório e Arcádio. Estes príncipes, ainda crianças, encontravam-se sob tutela de um Vândalo, Estilicão. O fim do século foi marcado pela intervenção cada vez mais decisiva das forças bárbaras, tanto no Ocidente como no Oriente. Em 475, fez-se uma última tentativa para instalar um imperador no Ocidente: chamava-se Rómulo e ficou conhecido por Augústulo. Foi imediatamente destronado por um oficial bárbaro, chamado Odoacro, que decretou, por sua própria iniciativa, o fim do Império do Ocidente (Agosto de 476).

Mas já há muito que a ideia do Império Romano deixara de existir no espírito de alguns. Já não se apoiava em nada de concreto. Não morrera, mas teria de renascer, desencarnada, num novo mundo.

Capítulo VIII

O BALANÇO DO IMPÉRIO

O jogo das forças que fazem e desfazem as sociedades humanas não deixa de suscitar no espírito humano muitos problemas que, na maior parte das vezes, permanecem insolúveis. As soluções apresentadas são muitas vezes contrariadas por factos imprevisíveis. Por que nasceu o Império Romano? Não foi, com certeza, pela existência de uma riqueza material excepcional, nem pelos benefícios de um clima favorável. A julgar pelo que os próprios Romanos nos dizem, foi uma recompensa das «virtudes» de um povo que, pelo seu respeito pelos deuses, a sua dedicação à cidade, mereceu tal sorte. Mas talvez se trate de uma visão optimista. As qualidades dos homens poderão, por si mesmas, exercer uma acção tão profunda sobre a História? E quais são estas qualidades, estas virtudes tão apontadas a Roma?

Essencialmente, a vontade de conciliar, em toda a vida social, a força e a lei. A força, a das armas, é constrangimento material; a lei é, também ela, constrangimento, mas absolutamente moral. Cria uma ordem aceitável para todos, gera a paz, isto é, um estado do mundo desejável por si mesmo, no qual a vida pessoal tem a possibilidade de se desenvolver, reservando uma parte conveniente às aspirações da sensibilidade. É este o sentido da célebre fórmula ciceroniana que convida as «armas a apagarem-se por detrás da toga», a glória do soldado a deixar passar à sua frente a estima dedicada ao «bom» cidadão. Cícero escrevia e falava num momento em que, após duras provas, se restabelecia o equilíbrio no interior da cidade. Augusto ouviu a lição e esforçou-se por realizar esse Estado ideal, no qual não se trata de encobrir a força mas de marcar os seus limites, de conseguir que ela surja como um meio transitório e não um fim em si. Esta dualidade, este par formado pelos dois aspectos da vida social, é simbolizada pelo próprio título do monarca a quem é confiado o Estado: *imperator*, isto é, senhor absoluto da força, é ao mesmo o que cria a lei, se necessário, mas que também observa as que já existem independentemente da sua pessoa.

Na cidade romana existe outra força, que os Modernos têm tendência a ignorar, a que emana do sagrado. Um dos caracteres da religião romana é a diferença que estabelece entre a própria *relegio* e *superstitio*. Só é *religio* o que tem a adesão da tradição e das leis. O que impede a inovação, a inspiração súbita que se apodera deste ou daquele espírito e conduz a actos imprevisíveis. A *religio*, nas relações com os deuses, isto é, com as forças que os homens não conseguem dominar, é semelhante à lei nas relações entre os próprios humanos. É ela que estabelece a *pax deorum*, que acalma as angústias perante o desconhecido. Roma tem boa consciência. Sabe que existe um *direito* que rege as relações com os deuses. Assim se alimenta o misticismo. E uma das causas que acompanharam e aceleraram o fim do Império foi a falta desta regra de sabedoria, quando, por exemplo, os Godos se inflamaram pelo arianismo, e outros povos contra ele.

As forças económicas terão desempenhado algum papel? Com certeza que sim, uma vez que a ordem social, em Roma, se baseia na posse da riqueza; mas, ao contrário do que se passou em outros tempos, esta não tem por objecto estabelecer um domínio, antes, pelo contrário, criar uma «sociedade de benefícios», estabelecer redes de reconhecimento.

Provavelmente, importa ver no estabelecimento de uma estrutura deste tipo, essencialmente familiar, a causa real do Império. E uma das lições que este nos dá é mostrar que tudo é possível, que as relações entre os humanos não são necessariamente conflituosas, que existiu, durante séculos, um sistema em que a força e os constrangimentos materiais foram reduzidos a quase nada, em que as regras administrativas, as instâncias encarregadas de as aplicar se encontravam nas mesmas condições. O Império Romano surge, então, como um local de liberdade, e, só quando o Império foi abalado (essencialmente por forças exteriores), se tentou regulamentar tudo. Esta intervenção do espírito geométrico reduziu a acção das forças vivas e, finalmente, paralisou-as.

Muito curiosamente, a ideia do Império Romano permaneceu, através dos séculos, a de um sistema juridicamente organizado, mas cujas leis não eram estabelecidas em nome de um sistema arbitrário. O imperador Severo Alexandre lia a *República* de Platão, é verdade, mas também, e sobretudo, a de Cícero, que mostra que os Estados são seres vivos e não figuras geométricas. A confusão entre as duas ordens foi mortal.

O Balanço do Império

Quando os imperadores do Oriente tentaram recuperar, já despedaçado, o Império do Ocidente, quando se evocou a grandeza do *imperium romanum* nos mosaicos de San Vitale, em Ravena, foi o imperador, como legislador, que foi considerado símbolo. E o que restou no espírito dos homens, foi a memória de um tempo em que havia um homem, senhor do mundo, capaz, só pelo prestígio do espírito, e das suas forças, de criar uma ordem universal, capaz de pacificar as forças anárquicas inseparáveis da vida e cuja mutilação é mortal.

CRONOLOGIA

Antes de Jesus Cristo

753 - Fundação de Roma.
578 - Constituição de Sérvio Túlio.
520 - Construção do templo de Júpiter Óptimo Máximo no Capitólio.
509 - Expulsão dos reis. Fundação da *Libera respublica.*
497 - Vitória de Roma sobre os Latinos, no lago Regilo.
406-396 - Cerco e conquista da cidade etrusca de Veios.
390 - Roma tomada pelos Gauleses.
343-341 - Primeira guerra contra os Samnitas.
340-337 - A Liga Latina, revoltada, é dissolvida. O seu território torna-se romano.
340 - Criação de um Estado romano-campaniano.
338 - Uma colónia romana instalada em Antium (Âncio), na costa tirrena.
327-304 - Segunda guerra samnita.
323 - Morte de Alexandre o Grande em Babilónia.
312 - Construção da Via Ápia, unindo Roma a Capone.
306 - Tratado entre Roma e Cartago. Partilha das zonas de influência.
298-291 - Terceira guerra samnita.
280-272 - Guerra contra Tarento, aliada de Pirros.
268 - Fundação de uma colónia Romana em Ariminum (Rimini), no Adriático.
264-241 - Primeira guerra contra Cartago.
260 - Vitória naval de Roma sobre Cartago.
254 - Nascimento de Plauto.
244 - Fundação de uma colónia romana em Brundisium (Brindes).
241 - Ocupação da Sicília.

O Império Romano

- 239 - Nascimento de Énio.
- 238 - Ocupação da Córsega e da Sardenha.
- 225 - Intervenção romana na Ilíria.
- 222 - Ocupação da Gália Cisalpina.
- 219 - Início da segunda guerra contra Cartago.
- 216 - Derrota dos Romanos em Cannes. Aliança de Aníbal e do rei Filipe V da Macedónia.
- 214 - Cerco de Siracusa.
- 206 - Criação da província de Espanha.
- 203 - Nascimento de Políbio.
- 202 - Vitória sobre Aníbal, em Zama.
- 200-196 - Segunda guerra da Macedónia.
- 195 - Roma divinizada em Esmirna.
- 192-188 - Guerra contra Antíoco III.
- 190 - Nascimento de Terêncio.
- 184 - Censura de Catão.
- 183 - Morte de Aníbal no exílio.
- 168 - Derrota de Perseu, rei da Macedónia, em Pidna.
- 167 - Políbio em Roma.
- 166 - Criação de um porto franco em Delos.
- 155 - Embaixada dos filósofos gregos a Roma.
- 149-146 - Terceira guerra púnica. Destruição de Cartago. Criação da província de África.
- 146 - Conquista e saque de Corinto.
- 145 - Visita a Roma do estóico Panécio de Rodes.
- 134 - Tribunato de Tibério Graco.
- 133 - Tomada de Numância por Cipião Emiliano. Átalo III de Pérgamo lega o seu reino aos Romanos.
- 124 - Tribunal de Caio Graco. A sua morte.
- 118 - Criação da província da Gália Narbonense.
- 118 - Fundação de Narbo Martius (Narbona).
- 113 - Criação da província da Ásia.
- 107 - Primeiro consulado de Mário.
- 106 - Nascimento de Cícero e de Pompeu.
- 105 - Vitória dos Cimbros em Orange. Entrega de Jugurta aos Romanos.
- 102 - Vitória de Mário sobre os Teutões em Aix-en-Provence.
- 100 - Criação da província da Cilícia. Nascimento de César.
- 91-90 - Guerra social.
- 90 - Direito de cidadania romana concedido aos Italianos que o exijam.
- 89 - Massacre dos Italianos em Delos.
- 88-85 - Primeira guerra contra Mitridates.

Cronologia

- 87 - Nascimento de Salústio. E talvez de Catulo.
- 86 - Silo conquista Atenas.
- 85 - Paz com Mitridates.
- 83-82 - Primeira revolta de Sertório em Espanha.
- 82 - Sila ditador. Proscrições.
- 80 - Segunda revolta de Sertório em Espanha.
- 79 - Abdicação de Sila.
- 74 - Terceira guerra de Mitridates.
- 74-69 - Criação das províncias de Creta e de Cirenaica.
- 74-62 - Criação das províncias de Bitínia e do Ponto.
- 73-71 - Guerra de Espartaco.
- 71 - Luculo, vencedor de Mitridates.
- 65 - Nascimento de Horácio.
- 63 - Morte de Mitridates. Fim da guerra no Oriente.
- 62 - Criação da província da Síria. Regresso de Pompeu a Itália.
- 61 - Triunfo de Pompeu *de orbe terratum.*
- 60 - Formação do primeiro triunvirato.
- 59 - Consulado de César. Nascimento de Tito Lívio.
- 58 - Início da guerra das Gálias. Exílio de Cícero.
- 57 - Regresso de Cícero.
- 55 - Construção do teatro de Pompeu. Início da *Basilica Julia.*
- 53 - Derrota e morte de Crasso em Carras, na Síria. Revolta de Vercingetorix.
- 52 - Pompeu único cônsul. Assassinato de P. Clódio.
- 51 - A Gália «cabeluda» torna-se província romana.
- 50 - Fim da guerra das Gálias.
- 49 - Início da guerra civil entre César e Pompeu, este em nome do Senado.
- 48 - (9 de Agosto) Vitória de César em Farsália. Morte de Pompeu no Egipto.
- 47 - Nascimento de Propércio.
- 46 - (6 de Abril) Vitória de César em África, em Tapsus.
- 45 - (17 de Março) Vitória de César em Espanha, em Munda.
- 44 - (15 de Março) Assassinato de César. (Julho) Jogos da Vitória de César. Início das *Filípicas* de Cícero.
- 43 - (Novembro) Formação do segundo triunvirato. Proscrições. (7 de Dezembro) Assassinato de Cícero. Nascimento de Ovídio. Fundação de Lião.
- 42 - (23 de Outubro) Vitória dos triúnviros em Filipos.
- 40 - Guerra de Perúsia. (Outubro) Paz de Brindes entre Octávio e António. IV Écloga de Virgílio.
- 39 - Paz de Miseno entre os triúnviros e Sexto Pompeu. I Écloga de Virgílio.

O Império Romano

38 - (17 de Janeiro) Octávio casa com Lívia. Publicação das *Bucólicas*. Horácio é apresentado a Mecenas.
37 - Recomeçam as hostilidades com Sexto Pompeu. Renovação dos poderes do triunvirato.
36 - Octávio recebe o poder tribunício. (Agosto) Derrota de Sexto Pompeu em Naulóquia. Octávio dedica um templo a Apolo no Palatino.
35 - Construção da biblioteca de Asínio Polião. Primeiro livro das *Sátiras* de Horácio.
33 - Edilidade de Agripa. Grandes trabalhos em Roma.
31 - (2 de Setembro) Vitória de Octávio sobre António em Áccio.
30 - (1 de Agosto) Conquista de Alexandria por Octávio.
29 - Virgílio lê as *Geórgicas* a Octávio e Mecenas. (13 de Agosto) Triplo triunfo de Octávio. Segundo livro das *Sátiras* de Horácio.
27 - (16 de Janeiro) Octávio recebe o nome de Augusto. Triunfo de Messala sobre os Aquitanos.
25 - Júlia casa com Marcelo.
24 - Doença de Augusto.
23 - Morte de Marcelo. Publicação dos três primeiros livros das *Odes* de Horácio.
22 - Júlia casa com Agripa.
21 - Primeiro livro das *Epístolas* de Horácio.
20 - Nascimento de Caio César. Recuperação das insígnias de Crasso.
19 - Morte de Virgílio e Tibulo.
17 - Nascimento de Lúcio César. Celebração dos Jogos seculares.
16 - Campanha de Tibério e Druso nos Alpes.
13 - Dedicação do Altar da Paz. Publicação do Livro IV das *Odes* de Horácio.
12 - Morte de Agripa. Nascimento de Agripa Póstumo. Campanha de Tibério e Druso na Germânia.
11 - Júlia casa com Tibério.
10 - Nascimento de Cláudio em Lião.
9 - Morte de Druso na Germânia.
8 - Instalação dos Sicambros na margem esquerda do Reno. Morte de Horácio. Morte de Messala. Morte de Mecenas.
7 - Troféu de La Turbie.
6 - Tibério retira-se para Rodes.
4 - Nascimento de Séneca.
2 - Criação de um prefeito do pretório. Exílio de Júlia.

Cronologia

Depois de Jesus Cristo

    2 - Morte de Lúcio César.
    4 - Morte de Caio César. Tibério de novo associado ao governo.
    7 - Exílio de Agripa Póstumo.
    8 - Criação de um prefeito da anona. Exílio de Ovídio em Tomes.
    9 - Desastre de Varo.
  12 - (31 de Agosto) Nascimento de Calígula.
  14 - (19 de Agosto) Morte de Augusto. Subida ao poder de Tibério. Morte de Agripa Póstumo.
14-16 - Campanhas de Germânico no Reno.
  17 - Morte de Tito-Lívio. Sejano único prefeito do pretório. Morte de Júlia.
  18 - Morte de Ovídio no exílio.
  19 - (Outubro) Morte de Germânico.
  23 - Nascimento de Plínio o Velho.
  30 - Nascimento de Díon Crisóstomo.
  31 - (Outubro) Queda de Sejano.
  37 - (16 de Março) Morte de Tibério. Subida ao trono de Calígula. (15 de Dezembro) Nascimento de Nero.
  39 - Casamento de Cláudio com Messalina.
  41 - (24 de Janeiro) Assassinato de Calígula. Subida ao trono de Cláudio. Séneca relegado para a Córsega.
  42 - Discurso dito «de Lião».
  43 - Expedição à Bretanha.
  44 - Triunfo de Cláudio sobre os Bretões.
  47 - Celebração dos Jogos Seculares.
  48 - (Setembro) Morte de Messalina.
  49 - (Janeiro) Casamento de Cláudio e Agripina.
  50 - Nascimento de Plutarco.
  51 - Nero adoptado por Plutarco. Campanha de Córbulo na Arménia.
  53 - Nero casa com Octávia, filha de Cláudio e de Messalina.
  54 - (12 de Outubro) Morte de Cláudio. Subida ao poder de Nero.
  55 - Morte de Británico. Nascimento de Tácito.
  59 - (Março) Morte de Agripina.
61 (ou 62) - Nascimento de Plínio o Moço.
  63 - Nova campanha de Córbulo na Arménia.
  64 - (Julho) Incêndio de Roma. Construção da Casa Dourada. Perseguição contra os Cristãos. Morte de Pedro (?).
  65 - Conspiração de Pisão. Morte de Séneca.
  66 - Início da revolta na Judeia.
  67 - Martírio de S. Paulo.

O Império Romano

- 68 - (Março) Revolta de Vindex na Gália. Rebelião de Galba em Espanha. (7 de Junho) Morte de Nero. Galba imperador.
- 69 - (15 de Janeiro) Morte de Galba. (14 de Abril) Batalha de Bédriac. Suicídio de Otão. (1 de Julho) Vespasiano proclamado imperador em Alexandria. (Fim de Outubro) Vitélio derrotado em Cremona. (21 de Dezembro) Roma ocupada pelo exército de Vespasiano. Vespasiano imperador.
- 70 - (Agosto-Setembro) Tito conquista Jerusalém.
- 76 - Nascimento de Adriano em Itálica.
- 79 - (24 de Junho) Morte de Vespasiano. Subida ao poder de Tito. (24 de Agosto) Erupção do Vesúvio. Morte de Plínio o Velho. Construção do Coliseu.
- 81 - (13 de Setembro) Morte de Tito. Subida ao poder de Domiciano. Coliseu concluído.
- 86 - Nascimento do futuro Antonino o Pio.
- 88 - Celebração dos Jogos Seculares.
- 96 - (17 de Setembro) Assassinato de Domiciano. Subida ao poder de Nerva.
- 97 - (28 de Outubro) Adopção de Trajano por Nerva.
- 98 - (27 de Janeiro) Morte de Nerva. Trajano imperador. Tácito publica a *Vida de Agrícola* e, depois, a *Germânia*.
- 100 - Panegírico de Trajano por Plínio o Moço. Nascimento de Frontão.
- 101 - Primeira guerra dácica.
- 102(?) - *Diálogo dos Oradores,* de Tácito. (26 de Dezembro) Triunfo de Trajano.
- 104 - Tácito inicia a redacção das *Histórias*.
- 105 - Segunda guerra dácica. Trajano manda ocupar a Nabatena.
- (107) - Anexação da Dácia.
- 112 - Tácito inicia a redacção dos *Anais* (?).
- 113 - Guerra pártica.
- 114 - Morte de Plínio o Moço.
- 115 - Revolta na Bretanha.
- 116 - Trajano na Babilónia.
- 117 - (10 de Agosto) Morte de Trajano. Subida ao poder de Adriano. Fim da redacção dos *Anais* (?). Morte de Díon Crisóstomo.
- 121 - Nascimento do futuro Marco Aurélio.
- 122 - Construção da Muralha de Adriano na Bretanha.
- 124 - Nascimento de Apuleio.
- 125 - Morte de Plutarco. Nascimento de Luciano.
- 130 - (15 de Dezembro) Nascimento de Lúcio Vero.
- 131 - Publicação do Edicto Perpétuo.

Cronologia

136 - Adopção por Adriano de L. Ceionius Commodus.
137 - (31 de Dezembro) Morte de L. Ceionius Commodus.
138 - (25 de Janeiro) Adopção por Adriano de T. Aurelius Fulvius Boionius Arrius Antoninus (Antonino o Pio). (10 de Julho) Morte de Adriano. Subida ao poder de Antonino o Pio.
143 - Consulado de Frontão. (21 de Abril) Elogio de Roma por Élio Aristides.
146 - Nascimento de Sétimo Severo em Leptis Magna.
153 - Nascimento de Díon Cássio.
161 - (7 de Março) Morte de Antonino o Pio. Marco Aurélio torna--se Augustus. (31 de Agosto) Nascimento de Cómodo.
165 - Nascimento de Herodiano.
166 - (12 de Outubro) Triunfo de Marco Aurélio sobre os Partos.
167 - Invasão da Itália pelos Marcomanos e pelos Quados. Perseguições contra os Cristãos de Roma.
169 - Epidemia de peste em Roma e no Império. Morte de L. Vero.
170 - Nascimento de Filóstrato.
175 - Rebelião de Avídio Cássio.
177 - Perseguição contra os Cristãos de Lião.
180 - (17 de Março) Morte de Marco Aurélio. Subida ao poder de Cómodo.
185 - Morte de Luciano.
192 - (31 de Dezembro) Assassinato de Cómodo. Pertinax imperador.
193 - (18 de Maio) Assassinato de Pertinax. (1 de Junho) Subida ao poder de Sétimo Severo.
195-198 - Campanha contra os Partos.
197 - (Fevereiro) Derrota de Albino perto de Lião.
202 - *Decennalia* de Sétimo Severo. Edicto contra os Cristãos.
204 - Celebração dos Jogos Seculares.
211 - (9 de Fevereiro) Morte de Sétimo Severo. Subida conjunta ao poder de Caracala e Geta.
212 - (Fevereiro) Caracala reina sozinho. *Constitutio Antoniniana.*
217 - Morte de Caracala e de Júlia Domna. Tomada do poder por Macrino.
218 - Morte de Macrino. Elagabal imperador.
222 - Morte de Elagabal. Subida ao poder de Severo Alexandre.
227 - Tem início, na Pérsia, a dinastia dos Sassânidas.
229 - Morte de Díon Cássio.
231 - Ataque dos Persas na Mesopotâmia e na Capadócia.
234 - Severo Alexandre na Mogúncia.
235 - (18 de Março) Severo Alexandre e Júlia Mamaea assassinados. Subida ao poder de Maximino.

O Império Romano

238 - (Março) Os Gordianos pai e filho imperadores. Ao mesmo tempo, Balbino e Pupiano. (Junho) Maximino assassinado. (Junho-Julho) Gordiano III imperador.
244 - Gordiano III assassinado. Filipe o Árabe imperador.
245 - Morte de Filóstrato. Morte de Herodiano. Nascimento de Diocleciano.
249 - Morte de Filipe o Árabe. Décio imperador.
250 - Epidemia de peste. Perseguição contra os Cristãos.
251 - Morte de Décio. Trebonianius Gallus imperador.
253 - Emiliano proclamado imperador, e depois massacrado em Espoleto. (Setembro) Valeriano imperador, associado a Galiano.
256 - Sapor toma Antioquia.
257 - Edictos contra os Cristãos.
260 - Valeriano feito prisioneiro pelos Persas. Galiano reina sozinho. Edicto de tolerância para com os cristãos. Póstumo constitui o Império das Gálias.
263 - Os Godos pilham Éfeso.
267 - Os Hérulos atacam Atenas.
268 - Galiano assassinado diante de Milão. Cláudio o Godo imperador.
269 - Póstumo assassinado.
270 - Cláudio o Godo morre de peste. Aureliano é proclamado imperador pelo exército do Danúbio.
271 - Alamanos e Jutungos vencidos em Fano, e depois em Pavia.
272 - Fim do reinado de Zenóbia em Palmira e no Egipto.
273 - Fim do Império das Gálias.
274 - Triunfo de Aureliano.
275 - Assassinato de Aureliano. O Senado designa Tácito para lhe suceder.
276 - Tácito morto pelos seus próprios soldados. Dois pretendentes, Floriano e Probo. O primeiro é assassinado pelas suas tropas. Probo reina sozinho.
282 - Probo é assassinado. (Outubro) Caro imperador.
283 - Um filho de Probo, Numeriano, sucede ao pai.
285 - Diocleciano imperador.
287 - Maximiano feito Augusto. Acordo com a Pérsia.
293 - Criação de dois Césares, Galério e Constâncio.
298 - Paz de Nisibis com os Persas.
301 - Edicto do máximo.
303 - (23 de Fevereiro) Edicto de perseguição contra os cristãos. (20 de Outubro) Vicenália de Diocleciano.

Cronologia

305 - (1 de Maio) Abdicação de Maximiano e Diocleciano.
306 - (26 de Julho) Constantino proclamado imperador pelo exército. (28 de Outubro) Insurreição de Maxêncio em Roma.
310 - Nascimento de Ausónio.
311 - (Abril) Galério publica um edicto de tolerância para com os cristãos.
312 - (28 de Outubro) Vitória de Constantino na Ponte Milvius.
313 - (13 de Junho) Edicto de tolerância para com os cristãos alargado a todo o Império.
325 - (20 de Maio) Concílio de Niceia.
330 - (11 de Maio) Bizâncio inaugurada como segunda capital.
332 - Paz com os Godos. Nascimento de Amiano Marcelino.
337 - (22 de Maio) Morte de Constantino.
340 - Constantino II vencido e morto em Aquileia.
348 - Nascimento de S. Jerónimo.
353 - Vitória de Constâncio II.
354 - Nascimento de Santo Agostinho.
355 - Juliano encarregado de defender a Gália.
360 - Juliano proclamado Augusto pelos seus soldados.
361 - (3 de Novembro) Morte de Constâncio II.
363 - Campanha contra os Persas. (26 de Junho) Morte de Juliano. Joviano imperador.
364 - (Fevereiro) Morte de Joviano. Valentiniano, imperador, partilha o poder com Valente.
375 - (Novembro) Morte de Valentiniano.
378 - (9 de Agosto) Derrota de Valente.
379 - (Janeiro) Teodósio Augusto.
380 - Os Visigodos instalados na margem direita do Danúbio.
383 - Arcádio feito Augusto.
392 - (15 de Maio) Eugénio proclamado imperador.
393 - Honório proclamado Augusto.
394 - (6 de Setembro) Vitória de Teodósio sobre Arbogasto e Eugénio.
395 - (17 de Janeiro) Morte de Teodósio.
405 - Supressão dos combates de gladiadores.
408 - (1 de Maio) Morte de Arcádio. (22 de Agosto) Morte de Estilicão em Ravena.
410 - Saque de Roma por Alarico.

GLOSSÁRIO HISTÓRICO

Academia: Jardim sagrado do herói Akadêmor, nos arredores de Atenas. Era ali que Platão, e depois os seus discípulos, ministravam o seu ensino.

Apocoloquintose: Esta palavra significa «transformação em abóbora». Paródia da palavra (e da noção) de apoteose. Título de uma sátira redigida por Séneca em 54, destinada a ridicularizar Cláudio, que acaba de morrer e é divinizado e, sobretudo, a prometer aos senadores que o jovem imperador Nero não cometerá os excessos de que o Senado se queixara no reinado anterior.

Apoteose: Reconhecimento oficial, pelo Senado, da divinização de um imperador defunto. Origina, em cada caso, a organização de um culto, com um clero especial, e, muitas vezes, a construção de um templo consagrado ao novo deus.

Auctoritas: O facto de uma pessoa ou um grupo constituído possuir a eficácia necessária para assegurar o sucesso de uma empresa projectada. Assim, o Senado garante que determinada lei, apresentada ao povo, será boa. Autoridade moral.

Casa das Vestais: Edifício de peristilo existente no Fórum Romano, perto do Templo de Vesta. Ali se alojava o Colégio das Vestais (em número de sete durante o Império). Esta casa, muito aumentada com o decorrer dos séculos, remonta, no seu estado actual, ao reinado de Sétimo Severo.

Ciceranianismo: Nome dado por S. Jerónimo à cultura pagã,

O Império Romano

simbolizada pela obra de Cícero, em que a preocupação com a forma literária prevalece sobre o conteúdo do pensamento.

Comícios curiata: A mais antiga assembleia, formada por membros das cúrias* e representando o *populus,* fonte de poder, exactamente como o Senado. São estes comícios que conferem o *imperium,* primeiro aos reis, depois as magistrados saídos da realeza, cônsules e pretores. Também tratam de casos de adopção. A sua natureza é de essência religiosa.

Congiário: Distribuição ao povo de vinho, trigo, azeite, etc. Por extensão, distribuição de dinheiro. Quando se trata de dinheiro dado aos soldados também se emprega o termo *donativum.*

Constituição serviana: Organização da cidade atribuída ao rei Sérvio Túlio, no século VI a. C. Divisão dos cidadãos em cinco classes censitárias, estas mesmas divididas em centúrias, em função do seu papel no exército.

Cônsul: Nome de dois magistrados supremos saídos do desmembramento do poder real, em 509 a. C. Estes magistrados ficaram inicialmente conhecidos por *praetores* (de *prae-ire,* ir à frente, preceder); a palavra *cônsul* realça a ideia de deliberação e também de previdência, de desígnio cuidadosamente premeditado. Os cônsules, primeiramente escolhidos pelos patrícios, possuem o *imperium.* Cada um deles tem o direito de se opor a uma decisão do outro.

Cúria: Na Roma arcaica, divisão do corpo dos cidadãos, espécie de «paróquias» que os reúnem. Havia dez cúrias por tribo. Por extensão, local onde se reúne uma cúria. Por fim, a cúria por excelência é o local onde se reúne o senado. É o sentido da palavra na época clássica e durante o Império.

Cursus honorum: Série de magistraturas que um Romano devia exercer no âmbito das instituições, antes de atingir o consulado. São a questura, a edilidade (patrícia ou plebeia), o tribunado da plebe (para os plebeus), a pretura, o consulado. Deve haver um intervalo de dois anos entre duas magistraturas consecutivas, de tal modo que, durante a República, não se podia ser cônsul antes dos quarenta e um anos. Durante o Império, o cursus devia ser precedido por um serviço militar e uma magistratura menor, seguindo-se a questura exercida aos vinte e cinco anos, dois anos mais tarde a pretura, e o consulado aos trinta e dois anos. A censura não está integrada no cursus.

Glossário Histórico

Digesto: Colectânea de textos provenientes das obras dos jurisconsultos, criada em 533, por ordem de Justiniano.

Dioniso: Também chamado Baco (Bacchus em terras latinas). Assimilado ao itálico Liber Pater. Divindade grega da vegetação, em particular da vinha e, por conseguinte, do vinho. Preside ainda à fecundidade animal e humana. É apresentado rodeado de sátiros e de Bacantes (ou Ménades). O seu culto está na origem da tragédia. Uma lenda muito tardia apresentava-o como um triunfador vindo dos confins da Índia, onde teria sido educado pelas Ninfas, no monte Nisa. A sua presença na Grécia é muito remota, segundo confirmação.

Donatismo: Cisma da Igreja Cristã de África, formado em redor do bispo de Cartago Donat (312). A questão estava em saber se seria necessário excluir aqueles que haviam traído a fé divulgando os livros sagrados durante a perseguição de Diocleciano. Donat e os seus partidários recusavam-se a admiti-los na Igreja. O donatismo foi por diversas vezes condenado, por um sínodo, depois por um concílio gaulês, finalmente por Constantino, mas os donatistas resistiram até ao fim da África Romana (invasão dos Vândalos, em 429).

Epicuristas: Discípulos do filósofo Epicuro (341-270). Nascido em Samos, ensinou em Atenas uma doutrina materialista, baseada numa física atomista. Mas a sua preocupação principal não consiste em fornecer uma explicação do mundo; é essencialmente moral. Trata-se de assegurar a felicidade dos homens. O Bem supremo é o prazer, menos o dos sentidos do que a tranquilidade da alma, isto é, a ausência de perturbações (ataraxia). Epicuro acredita que a alma humana é inteiramente material e que não contém nenhuma possibilidade de sobrevivência. Os relatos referentes ao além-túmulo não passam de fábulas ilusórias. Para ele, os deuses existem, mas só comunicam connosco através do sonho e não intervêm no comportamento do mundo nem nos assuntos humanos.

Filosofia do Jardim: Nome muitas vezes atribuído ao epicurismo, desde que o fundador da escola, Epicuro, se instalou num parque que comprara nos arredores de Atenas.

Gens: Grupo social que, na Roma arcaica, se considerava descendente de um antepassado comum. Com o decorrer do tempo, a *gens* dividiu-se em *familiae,* cada uma delas caracterizada por um *cognomen* (apelido) hereditário (por exemplo os Cornelli: além dos Cornelli Scipiones, existiam Cornelli Cethegi, Cornelli Lentuli, etc.).

O Império Romano

Mas entre os diferentes ramos subsistia um laço místico, o sentimento de um parentesco profundo.

Humanitas: Noção (a palavra deriva de *homo,* ser humano) que implica o reconhecimento das particularidades espirituais próprias do ser humano e, consequentemente, o respeito deste pelo outro. Esta noção parece ter existido, em Roma, antes da influência dos filósofos. Está implícita nas formas mais arcaicas do direito, em particular o *ius gentium,* que reconhecia direitos aos não-cidadãos.

Idos: Divisão do mês. O primeiro dia do mês tem o nome de calendas. Seguem-se as nonas, que são a 7 de Março, de Maio, de Julho e de Outubro, e a 5 nos restantes meses. Os idos, que são a 15 nos meses de Março, Maio, Julho e Outubro, e a 13 nos outros meses. As datas formulam-se em função dos dias que faltam para uma destas referências. Assim, diremos: o 5 antes das calendas (ou, mais frequentemente: o 5 das calendas), o 3 das nonas (o mesmo que o 5 ou o 3 consoante o mês).

Intercessio: Direito reconhecido aos tribunos da plebe que podem vetar as decisões de um magistrado, seja este quem for, e mesmo, eventualmente, de um senátus-consulto*. Por este acto, o tribuno *interpunha-se* entre o magistrado e o cidadão em causa. O objectivo consistia em subtrair os cidadãos às arbitrariedades.

Ísis: Divindade egípcia, mulher de Osíris. Como este tivesse sido condenado à morte por Tifão (o deus das trevas) e o seu cadáver cortado em pedaços, Ísis tentou reconstituí-lo e restituiu-lhe a vida. Ísis é uma divindade do mar. Dedicaram-lhe um culto em todo o contorno do Mediterrâneo, em particular na Campânia, por onde penetrou no mundo itálico. Teve um templo no Campo de Marte. O seu culto é assegurado por um clero sujeito a obrigações muito precisas (vestes de linho, sem nenhuma matéria de natureza animal, alimentação, etc.), que cumprem cerimónias diárias. A religião isíaca parece ter exercido uma grande atracção sobre as mulheres.

Ius Fetiale: Os Feciais eram um colégio de dois sacerdotes encarregados das relações, de ordem religiosa, com os povos estrangeiros. Estavam encarregados, em particular, de proceder às declarações de guerra, mas também da conclusão dos tratados de paz. O «chefe» dos Feciais usava o nome de *Pater patratus.* O conjunto das regras que presidia às suas actividades era o *ius fetiale.*

Glossário Histórico

Jogos: Tradição itálica muito antiga, muito viva entre os Etruscos, em que dançarinos e mimos estão encarregados de evocar todo um mundo místico e, ao mesmo tempo, de provocar a alegria, o prazer de viver. Este cortejo forma-se para os funerais. Mas existem jogos em honra de todas as divindades (Flora, etc.). As divindades satisfeitas só podem ser favoráveis aos mortais. Havia jogos que consistiam em corridas de cavalos, de carros, que exaltavam uma religião da Vitória. Os Jogos da Vitória de César tinham por desígnio agradecer às divindades, saudar o novo deus e acompanhá-lo alegremente na subida ao céu.

Larário: Capela onde, em cada casa, se colocam as estatuetas representando as divindades que as protegem. Estas divindades começam por ser os Lares, antiga palavra etrusca que designava os «Senhores», e depois todas aquelas por quem os habitantes da casa sentem uma devoção particular. Esta capela encontrava-se, em geral, no *tablinum* (o compartimento que se abria ao fundo do *atrium*), e muitas vezes também na cozinha.

Legião: O termo significa um corpo de tropas formado entre os cidadãos (e só estes). Durante a República, compreende 4 200 homens; a partir de C. Mário (pelo ano 100 a. C.), é de 6 000 homens. A legião está dividida em centúrias reunidas duas a duas num manípulo. Desenvolve-se em três linhas: à frente, os *hastati,* seguem-se os *príncipes,* e, por fim, na terceira fila, os *triarii*. Importa acrescentar os vélites, mal armados e que combatem fora da legião assim formada, e uma cavalaria legionária de 600 homens.

Libertas: Palavra que designa a República, durante o Império. Quanto ao conteúdo desta «liberdade», cf. página 13.

Liceu: Pórtico consagrado a Apolo Liciano, em Atenas, e o ginásio contíguo, onde ensinaram Aristóteles e os discípulos. A doutrina do Liceu é o aristotelismo.

Liga Acaica: Confederação que compreende cidades do Peloponeso (na Acaia), depois da conquista macedónica, na segunda metade do século IV a. C. A capital é Corinto. As cidades acaicas eram hostis a Esparta, que favoreciam os Romanos. Mummius obteve uma vitória decisiva contra a Liga em Leucóptera, em 146. Corinto, capital da Liga, foi tomada e pilhada.

O Império Romano

Limes: Literalmente «passagem» entre dois campos. Depois, zona defensiva estabelecida ao longo de uma fronteira e que consistia numa estrada paralela à linha de combates que ligava entre si fortalezas e campos. Base de partida para uma defesa activa. Existia um *limes* ao longo do Reno, outro na Síria, outro em África, etc.

Livros Sibilinos: Colectânea de receitas religiosas e mágicas encontrada, segundo constava, na sepultura do rei Numa, em Roma. Atribuída à Sibila de Cumes, personagem meio lendária. Conservada por um colégio de dez sacerdotes, era consultada em caso de crise ou quando se produzia algum prodígio. Augusto mandou encerrá-la no pedestal do Apolo Palatino.

Municípios: Cidades já existentes antes da conquista romana e que conservam as suas instituições tradicionais ou às quais foram atribuídos magistrados e assembleias análogas às de Roma. Na prática, designam-se por municípios as cidades de direito latino, que não possuem o direito de cidade romana, mas uma forma inferior. Só os magistrados destas cidades recebem o título de cidadão romano.

Olimpianos e Titãs: Antiga lenda, decerto vinda do Oriente, recolhida por Hesíodo na *Teogonia*. Os Titãs, nascidos da união do Céu (Urano) e da Terra (Gaia), personificam forças naturais. São em número de seis, com seis Titânides. O mais novo é Cronos, que será o pai de Zeus, origem dos Olimpianos. Os Titãs revoltar-se-ão contra Zeus, que os precipitará no Tártaro.

Ordo senatorius: Classe de cidadãos formada por pessoas que possuem o censo senatorial, isto é, a fortuna necessária para serem senadores; mas esta situação não dá lugar à entrada no Senado.

Otium: O facto de não sofrer nenhum constrangimento, nenhuma obrigação. Lazer (o contrário é *negotium,* «negócio»). Designa a paz no conjunto da cidade.

Poder tribunício: Conjunto dos poderes pertencentes aos tribunos da plebe, essencialmente a sacrossantidade* e o direito de *intercessio**.

Pontifex Maximus: Sumo Pontífice, presidente do colégio dos pontífices, sacerdote de carácter arcaico, de origem e de funções obscuras. O Sumo Pontífice é eleito pelo povo, por toda a vida. Mora numa residência oficial, a *Domus Publica,* perto da Casa das Vestais. Controla

Glossário Histórico

o conjunto da religião, o que lhe confere um grande poder. Exerce uma autoridade absoluta no Colégio das Vestais.

Pretor: Magistratura desligada do consulado, a partir de 367 a. C., quando foi criado um pretor urbano, encarregado de «dizer o direito» na cidade (a *urbs*). Em 242 é criado um *praetor peregrinus,* cuja jurisdição se estende aos estrangeiros residentes em Roma (*peregrini*). Os pretores possuem o *imperium,* o que lhes confere o direito de promulgar edictos (*ius edicendi*). A partir de 227, os pretores, eleitos para este fim, são encarregados de governar províncias recém-criadas. A partir de César, os pretores serão em número de dezasseis.

Procônsul: Cônsul prorrogado na sua magistratura e encarregado do governo de uma província.

Propretor: Pretor prorrogado, ao terminar o cargo, e a quem é confiado o governo de uma província.

Província: A palavra designa, em primeiro lugar, uma missão, de uma ordem qualquer, da qual é encarregado um magistrado, e depois, mais particularmente, o território no qual é exercida esta missão. Durante a República, um general vencedor tem como «província» o território que conquistou; com a ajuda de uma comissão senatorial, e sob o seu controlo, fica encarregado de estabelecer a *lex provinciae,* o estatuto jurídico da sua «província».

Queruscos: Povo germano estabelecido na região de Hesse.

Quirites: Nome dado aos cidadãos romanos de condição privada. Opõe-se a *milites* (soldados). Segundo a tradição, foram primeiramente designados Sabinos, vindos da cidade de Cures e estabelecidos em Roma no tempo do rei Numa.

Res Gestae: Literalmente, «acções cumpridas». Augusto estabelecera ele próprio o balanço da sua acção, capítulo por capítulo, e este texto foi afixado em frente do seu mausoléu, no Campo de Marte, por volta do ano 1 d. C. Contém uma justificação da sua política, desde a tomada do poder. A inscrição comportava uma versão em língua latina, outra em língua grega. Foi descoberto um exemplar em Ankara, a antiga Ancira. Tinham sido enviadas réplicas para todas as grandes cidades do Império.

Sacrossantidade: Carácter inviolável da pessoa de um magistrado, em princípio, durante a República, um tribuno da plebe. Qualquer tentativa de violência para com um tribuno coloca o culpado fora da lei.

Saepta: Conjunto de recintos ao ar livre, destinados a reunir, materialmente, por unidades de voto, os eleitores que, em seguida, passavam um a um sobre uma ponte para depor o seu boletim de voto. Dizia-se *saepta* ou, por vezes, *ovilia,* redis de carneiros.

Senátus-consulto: Decisão tomada oficialmente pelo Senado para resolver um problema particular como, por exemplo, tomar medidas policiais, cuja responsabilidade nenhum magistrado queria assumir. Estas medidas não podiam ser contestadas tão facilmente como o seria a decisão de um magistrado.

Sumo Pontífice: Ver *Pontifex Maximus.*

Tabularium: Grande monumento, ainda existente, destinado a guardar os arquivos oficiais (as *tabulae*, as tábuas), construído no tempo de Sila entre o Capitólio propriamente dito e o Arx, a Cidadela, fechando assim a depressão existente entre os dois cumes da colina.

Término: Divindade que assegura o carácter sagrado e inviolável dos limites legalmente estabelecidos: de uma propriedade privada, de uma fronteira, etc. O deus é figurado por uma pedra solidamente fixada ao solo.

MAPAS (*)

1. Progressão do Império
2. As províncias do Império

(*) Dada a qualidade dos mapas optou-se por traduzir apenas as legendas e mantê-los como na edição francesa (N. do E.).

PROGRE

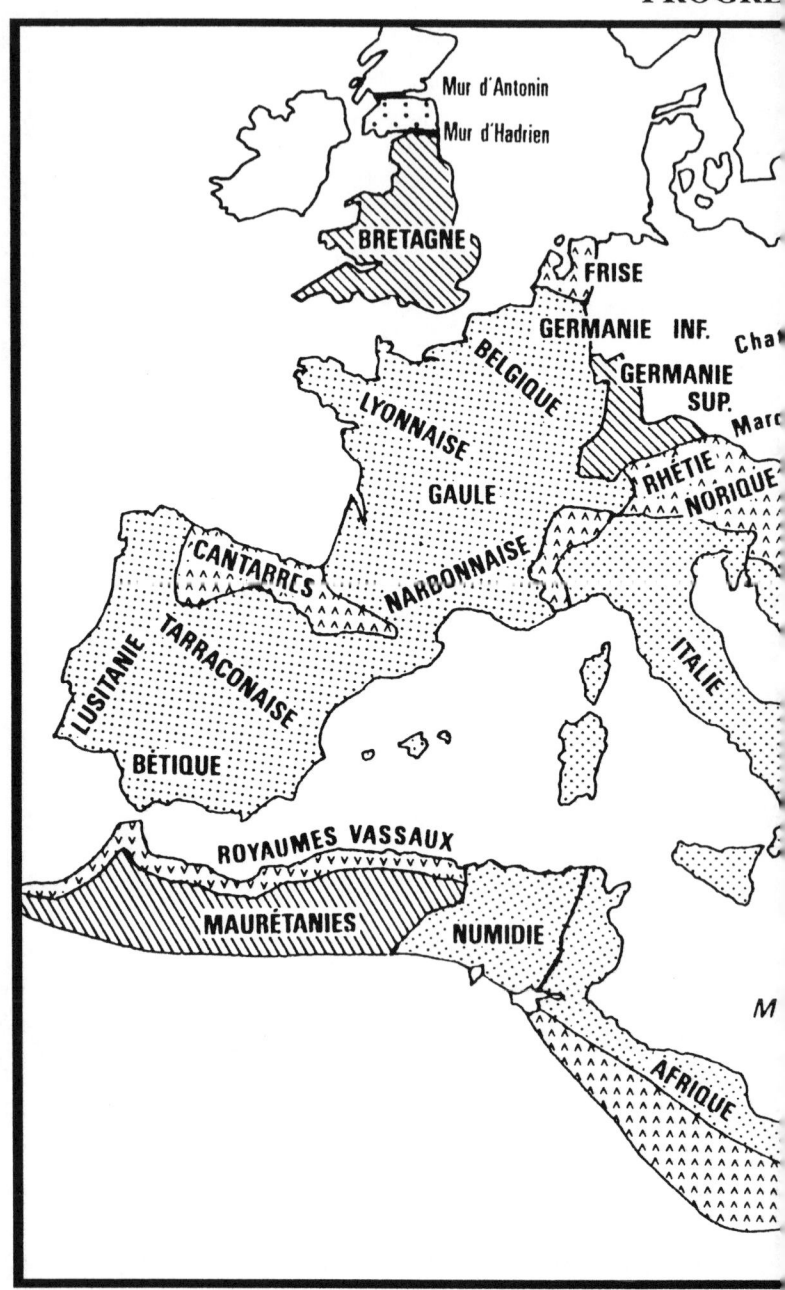

Mur d'Antonin
Mur d'Hadrien

BRETAGNE

FRISE

GERMANIE INF.

BELGIQUE

GERMANIE SUP.

LYONNAISE

RHÉTIE

GAULE

NORIQUE

CANTABRES

NARBONNAISE

LUSITANIE

TARRACONAISE

ITALIE

BÉTIQUE

ROYAUMES VASSAUX

MAURÉTANIES

NUMIDIE

AFRIQUE

IMPÉRIO

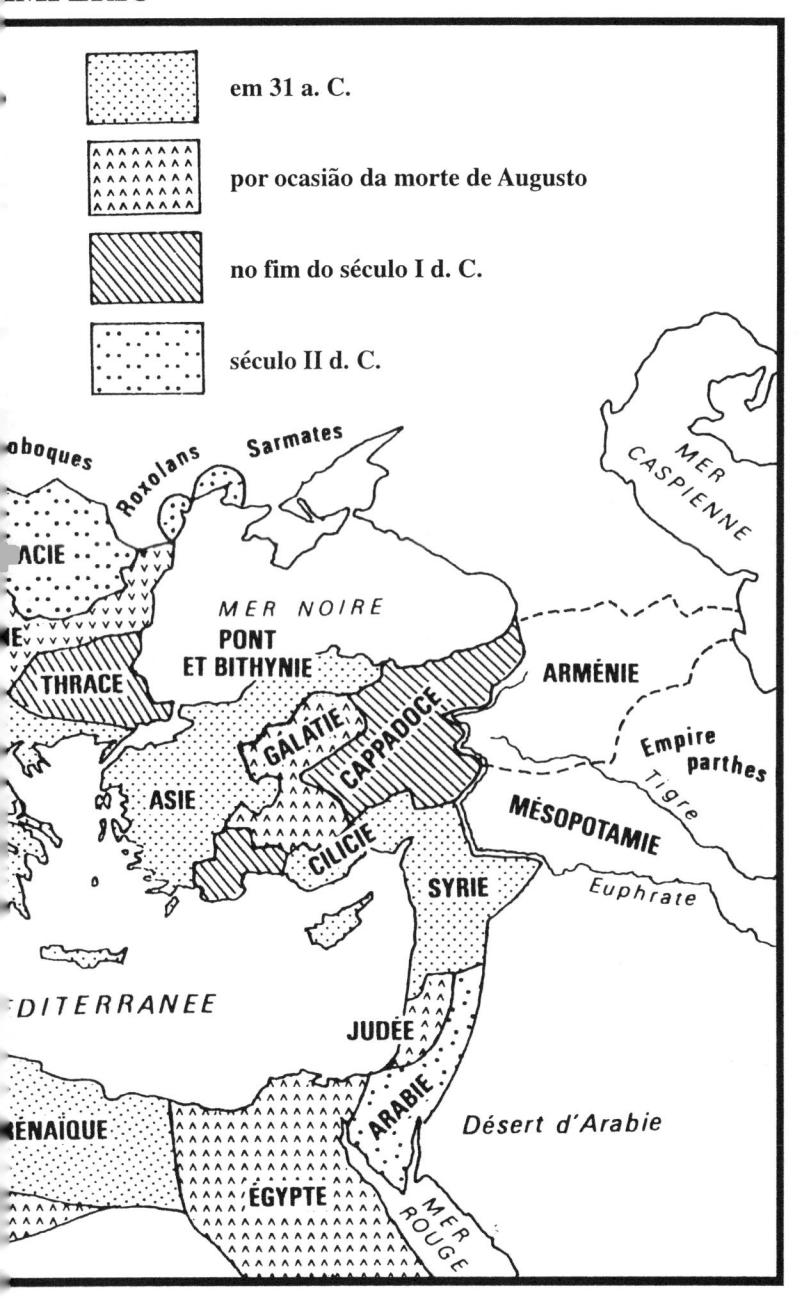

- em 31 a. C.
- por ocasião da morte de Augusto
- no fim do século I d. C.
- século II d. C.

AS PROVÍ

1. ALPES PENINOS
2. ALPES GRÉES
3. ALPES COTIANOS
4. ALPES MARÍTIMOS
5. TRANSPADANA
6. TUSCI
   EMÍLIA-LIGÚRIA
7. ÚMBRIA-PICENUM
8. APÚLIA-CALÁBRIA
   LUCÂNIA-BRUTTIUM

IMPÉRIO

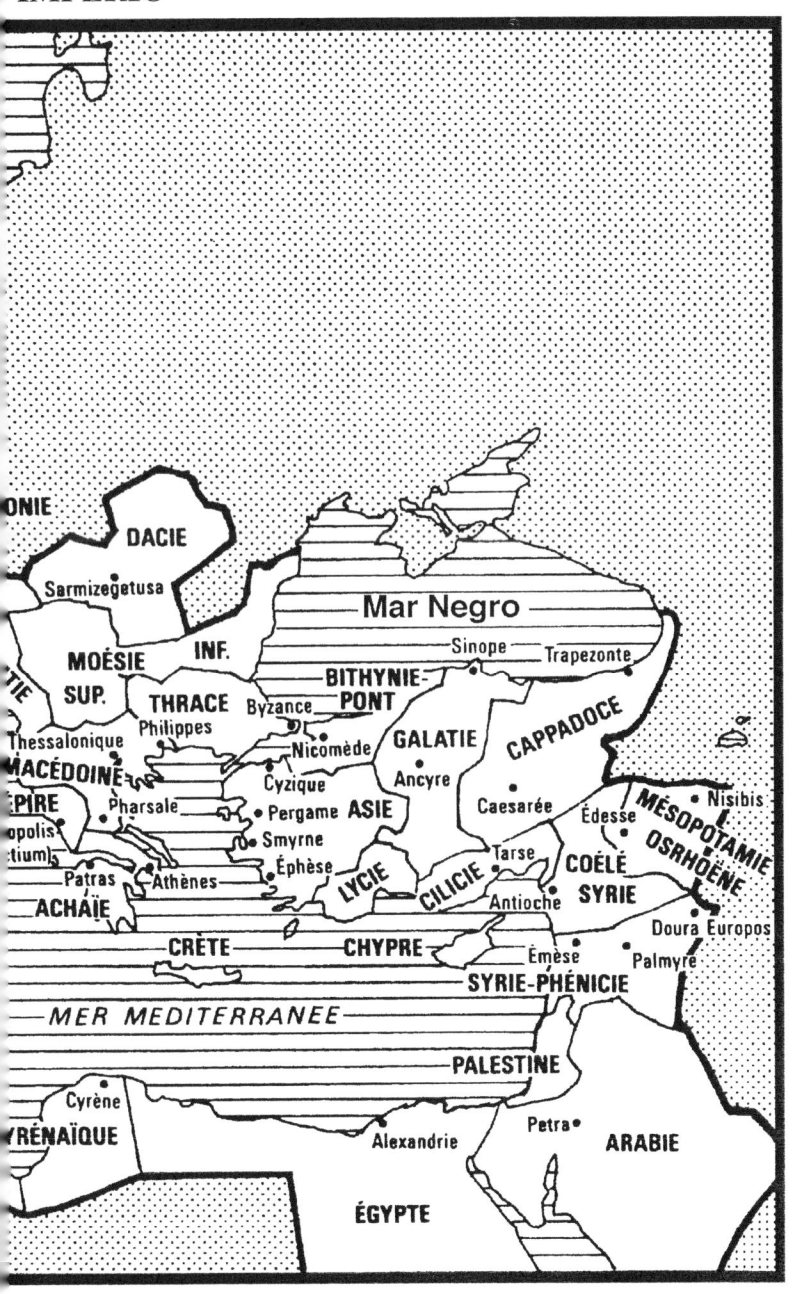

ÍNDICE

INTRODUÇÃO 9
As origens do poder. – O imperador-deus. – O *imperium romanum*. – O *imperium* e os reis.

CAPÍTULO I 19
O MUNDO ROMANO NO FIM DA REPÚBLICA
A ocupação do mundo. – A Grécia e o Oriente. – O Ocidente. – A condição das pessoas. – Porquê o Império? – O dinheiro. – A glória. – O Império de César. – Governar o mundo.

CAPÍTULO II 33
O NASCIMENTO DO IMPÉRIO
As novas forças. – O deus César. – O novo César. – A guerra inevitável. – A viragem. – O triunvirato. – O fim da República. – Um mundo que aspira à paz. – Anos difíceis. A ascensão de Octávio. – A monarquia e os filósofos. – O triunfo de Octávio. – Os poderes de Octávio. – Aparecimento de uma dinastia. – Uma nova legitimidade. – A guerra do Áccio. – A vitória de Apolo. – O Império pacificado. – As reformas políticas. – Uma constituição mista? – O papel do príncipe. – O imperador, ser divino. – O imperialismo augustano.

CAPÍTULO III 63
O SÉCULO DE AUGUSTO
Um século de poetas. – O círculo de Mecenas. – Advento da prosa escrita. – Difusão da cultura. – Os retóricos. – Os filósofos. – As artes figuradas. – A vida quotidiana. – Um novo urbanismo. – O Campo de Marte. – O Fórum romano. – O Fórum de César. – Urbanismo e ideologia. – A obra de Agripa. – Restaurar os cultos antigos. – Os meios de uma política.

O Império Romano

CAPÍTULO IV 81
AS DINASTIAS DO ALTO IMPÉRIO ....
A sucessão do príncipe. – Entrada em cena de Tibério. – Tibério imperador. – Calígula imperador. – Cláudio imperador. – Nero. – O fim dos Júlio-Claudianos. – O ano dos quatro imperadores. – A dinastia flaviana. – Tito. – Domiciano. – Nerva. – Trajano. – O princípio da adopção. – Subida ao poder de Adriano. – A sucessão de Adriano. – De Antonino a Cómodo.

CAPÍTULO V 101
O SÉCULO DOS ANTONINOS
As fronteiras ocidentais do Império. – As fronteiras orientais. – Os factores de unidade. – A segunda sofística. – O peso e a força do passado. – O Senado. – A ordem equestre. – Uma hierarquia de benefícios. – Permanência e vitalidade do direito. – Os escravos. – A economia do Império. – As moedas. – Os impostos. – As despesas do príncipe. – A nova cidade.

CAPÍTULO VI 121
AS PERTURBAÇÕES DE UM SÉCULO
À procura de um príncipe. – Sétimo Severo. – Que deus na terra? – A nova sociedade. – Um novo século. – Defender o Império. – Caracala. – O problema do cristianismo. – O cristianismo em acusação. – O montanismo. – A perseguição de Diocleciano. – Desmoronamento do sistema romano. – A chegada dos Sassânidas. – Maximino o Trácio. – Valeriano. – O Império das Gálias. – O reino de Palmira. – Aureliano.

CAPÍTULO VII 137
O FIM DO IMPÉRIO
A tetrarquia. – Constantino. – Os Bárbaros. – Desintegração.

O BALANÇO DO IMPÉRIO 145
CRONOLOGIA 149
GLOSSÁRIO HISTÓRICO 159
MAPAS 167

Impressão e acabamento
da
LATGRAF - Artes Gráficas, Lda.
para
EDIÇÕES 70, Lda.
Março de 1999